藍白拖 著
給未來的旅行者
55個你最想知道關於旅行的事
遠流

目錄

06 作者自序

冒險的誘惑

12 迎接挑戰
16 冒險的誘惑
20 浪漫？浪費？
24 不斷探索與學習

機會是老天爺給的，祂不給，就從祂手上搶過來

30 一生的投資
34 與父母溝通
38 男人的責任
42 機會是老天爺給的，祂不給，就從祂手上搶過來

先旅行？先工作？

48 先旅行？先工作？
52 最重要的事
58 其實，我們不必介意輸在起跑線上
62 成為被需要的人

66 我們不是不想勇敢，而是害怕承擔失敗結果

如何克服旅行前的憂慮

72 別害怕英文
76 一個人旅行
80 克服孤單
84 克服恐懼
88 勇敢是一種習慣！
92 如何超越自己？
96 流浪的野性
100 內向的人適合旅行嗎？
104 如何克服旅行前的憂慮

認真做自己喜歡的事

110 別再錯過了
114 十年前的夢想
118 認真做自己喜歡的事
122 背包課
126 要有錢？還是值錢？
128 我們憑什麼旅行？

旅行結束後，才是真正的開始

134 人生履歷
138 學會付出
142 旅行回國後工作好找嗎？
146 如何面對一成不變的事物
150 結束後，才是真正的開始

給自己留在這塊土地的理由

156 給自己留在這塊土地的理由
160 練習簡單
166 記得回家
170 最後什麼地方也沒去

找到人生的價值

176 懂得付出
180 沉澱一下
184 激發熱情
188 有價值的批評
192 找到人生的價值
196 旅行是為了好好大哭一場

我們擁有很多

202 我們擁有很多
208 最棒的「微旅行」
214 旅行的力量
218 路是人走出來的
222 旅行重質不重量

帶上真正屬於自己的，那些不屬於你的，就別帶了！

228 結交朋友
232 到底要旅行多久？
236 到底該準備些什麼？
240 帶上真正屬於自己的，那些不屬於你的，就別帶了！

年輕的時候，趕緊做點事吧

246 年輕的時候，趕緊做點事吧
254 上路後該問自己13個問題
260 寫給七年級

作者自序

首先，要謝謝寫信給我的朋友們，如果沒有你們，這本書不會存在。

再來，要感謝正在翻閱此書的朋友們，因為此刻我們才有機會認識彼此。

我人生中的第一本書，寫的是關於自己出國旅行一年的故事，也因為這本書，我才開始有機會到各學校、企業分享旅行故事。之後慢慢的開始有些朋友願意寫信給我，詢問關於旅行方面的問題。

我發現許多來信的朋友都懷抱著到世界闖闖的熱情，但這股熱情最後都會被現實的冷水澆熄。

我不善於給人任何建議，因為每位年輕人都獨一無二，他們需要的不是被指揮，而是鼓勵與陪伴。我比較樂於分享勇氣。

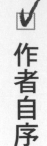

經常有人問我：「旅行為你帶來的改變是什麼？」我想應該就是勇氣，這股勇氣如同一撮星星之火，燃燒心中的恐懼森林。舊的害怕被燒光，新的害怕不斷發芽，但新的芽，是健康的，是營養的，是能吞下肚的。

徐志摩曾說：「知識，我不能給。要知識你們得請教教育家，我這裡是沒有智慧；智慧是地獄裡的花果，能進地獄更能出地獄的才能採得智慧，不去地獄的便沒有智慧。我這是沒有的。」

我沒去過地獄，也沒本事去地獄，因為去了就出不來。尚未出國前，我一直以為活在地獄，所以看人不是人，看鬼不是鬼，反倒看人像是活見鬼。回國後才驚覺，自己以為的地獄如此美麗，裡頭有好多花果，

如果把自己關在房間只會結蛹，不會結果。躲在溫暖被窩裡頭，才是最可怕的地獄。

所謂的智慧，存在於門外的世界。要向一個人，一個社會，一個環境學習才能獲得。

出了門，就是在外面，其實不用過度拘泥於搭飛機出國這件事，如果能在自己家鄉找到快樂，何必總是奢望踏上別人的土地。國外雖然有很多美景，但還是自己熟悉的風景最美。

國外的月亮沒有比較圓，國外的米飯沒有比較香，國外的人情味沒有比較濃。

我身上沒有故事，我能分享的，都是別人給我的。這本書，集結了不只一個人，不只一個社會，不只一個環境的故事。

如果你真的想出走，就不要去想出走這件事，只要去想如何超越自己就好。

唯有放下旅行，才能獲得真正的旅行。

人生有許多事情無法「選擇」，不要再陷入選擇的兩難，沒有「要與不要」，只有「敢要與不敢要」。

我們無法選擇再年輕一次，但可以不再留任何遺憾。

旅行是為了讓世界影響你，接著你來影響世界。

冒險的誘惑

迎接挑戰

有位朋友提到，他目前正在思考，是否該拋下一切去旅行？

我想分享一個從旅行得到的經驗。以前我和他一樣，也曾害怕失去很多已經擁有的東西。

當時我很努力想要在清醒狀態下做出一個經過理智分析的決定，但往往適得其反，越是去計算人生，越會害怕失去曾經努力得到的東西。

曾經有個朋友告訴我：

「有時候，『擁有』不一定好；『失去』不一定是不好。比如，擁有害怕，只能原地踏步；比如，失去害怕，就能勇敢向前。重要的不是擁有或失去，而是『如何取決這一切』」

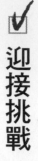

後來，我才知道，這個過程叫「割捨」。

如果一直不願意放下所擁有的，也就永遠無法握住其他美好的事物。

當初我決定要旅行前，有一份人人稱羨的安穩工作，經過了半年的認真思考，才下定決心要出國。那時，我直接訂好半年後的單程機票，這個瘋狂的舉動讓我不再猶豫。當然，我不鼓勵每個人都這麼做，因為不是每個家庭都能承擔這種瘋狂行動的後果。

忍痛割捨掉工作時，心中立刻後悔做出這麼衝動的決定，開始擔心回國後找不到工作怎麼辦？旅行結束後的人生該往哪走？自己是不是太自私，沒有顧慮到家人的感受？這一連串的問題有如「陣痛期」，會不時在夜深人靜的時候襲擊我，直到搭上飛機要離開台灣的那刻，都還是如影隨形。經過一段時間的旅行沉澱後，我才發現，在旅途中遇到的世界各國朋友都和我有相同的困擾，但唯一不同的是他們並不會恐懼，反而更勇於挑戰這些「害怕」。久而久之，我在他們的影響下也就不這麼害怕了。

到頭來我才發現，很多自己擔心的問題，要把它們全部裝進背包裡，旅途上遇見不同的伙伴，就拿出不同問題請教他們。我曾經在台灣嘗試問朋友這些問題，每個人都會用自以為是智者的姿態告訴我：「你太不成熟、你想太多了、人要務實點……」我們要學著把這些負面的回應當做是一種考驗，如果被這些考驗打敗了，就表示也許當下的自己「暫時」不適合旅行，應該累積更多勇氣與信心，去戰勝這些考驗。

經過割捨的階段，才能慢慢發現自己可以擁有更多寶貴的東西。比如說，父母愛你卻說不出口的關心；朋友間的噓寒問暖；陌生人的熱情擁抱；還有一個全新的自己。

心中放不下擔憂，當然塞不進喜悅。

人生有許多事情無法「選擇」，不要再陷入選擇的兩難，沒有「要與不要」，只有「敢要與不敢要」。

我們無法選擇再年輕一次，但可以不再留任何遺憾。

旅行是為了讓世界影響你，

接著你來影響世界。

冒險的誘惑

有人問我，工作已經好幾年了，一直找不到人生方向，想藉由旅行來探索未來，這樣好嗎？

人的方向，早在旅行前就已經決定好了。

幾年前，我也想擺脫工作束縛，去追尋自己的人生，尤其當身旁朋友都已經踏上旅程出走，自己卻還在原地發呆，會更顯孤立無援。只要不小心在網路上或書上，看到有人寫到自己旅行完有多大的改變、有了更多的勇氣之類的文字時，就會熱血沸騰的想要在下一秒鐘馬上訂機票，隔天向刁鑽的老闆提辭呈，幻想只要飛機滑行輪離開機場的水泥地時，自己就會成為偉大的旅行者。

這個人會問我這個問題，就代表他不是紈絝子弟，因為真正的紈絝子弟會有人幫他們安排好接下來的人生，他們唯一的煩惱就是不知道「還要」去哪旅行，他們才有本錢當旅行家，我們其他人充其量只是旅行的業餘玩家。

世界對他們來說就像遊樂場，對我們來說則是賭場。我們手上擁有的籌碼已比別人來的更少，必需要有放手一博的決心，要花更多時間去思考想從旅行路上得到些什麼？接下來能做什麼？千萬不要有「旅行結束後再說」的想法，這可能會讓自己被困在更混亂的人生迷宮裡。

為何我會這麼說？因為許多朋友太過期待旅行會改變他們，以為「人生方向」會從天而降掉在自己面前，但回國後反而不知道要做什麼，人生更加迷惘，有些人甚至會開始抱怨自己生不逢時，自己國家多差多爛。

為了避免讓自己成為這些人，或許可以先思考自己是想從旅行中找未來？還是在未來中找旅行？這問題可能會有點強人所難，但你要學會去解答，重點絕對不在於答案，而是在於「過程」，這能讓一個人重新審視自己，慢慢從中抽絲剝繭，了解到底什麼是自己想要、能要、該要、需要的？

旅行本身是件很容易的事，最難的是要吸收旅行前發酵的作用，它會讓你開始質疑許多人生意義的問題，要努力面對它，接受它給自己的挑戰。

不怕大家笑，當初要出國旅行前，我讀了一堆老莊、西方哲學著作，想看看是不是能從書中找到人生方向，當然結果是徒勞無功。

結果，我花了一年的時間，在世界各地移動，檢視、驗證內心許多想法，找到所謂自己旅行的「道理」，那就是一直走，去「到」自己「心裡」就對了。

我發現人生公式不用抄襲別人，可以靠自己去定義、假設，再用自己的方式去求證。

回國後，我並不知道要做什麼，未來也沒有方向，但未來已經不讓我恐懼，因為我正在用自己的方式去面對它。

讓你的人生方向盤掌握在自己手上，旅行不過就是看看窗外風景，你自己的未來自己決定，不要寄託給「旅行」！

浪漫？浪費？

有位朋友想出國流浪，但又怕被說是浪費生命，他最近一直在思考，漫無目的出走真的好嗎？

流浪，不是浪費生命，也不是漫無目的的出走，而是要到遠處去找一個最適合與自己對話的地方。它是一場巨大的挑戰，是一場冒險，重要的不是結果，而是過程。

我從大學時代就常被周圍的人說有浪子性格，我不愛選擇多數人贊同的那方，不接受少數服從多數這檔事，而且常會語出驚人，所以大家對我都避而遠之。久了，就被冠上火爆浪子、不成熟、太輕浮的形容詞，即使過了二十五歲也還是沒改變。

流浪前，我以為眾人皆醉我獨醒；流浪後，才知道眾人皆醒我獨醉。

路上，我不斷用陌生的心去衝撞陌生環境與陌生人，把自己放逐到離家鄉最遙遠的盡頭，體悟到原來自己只是想從流浪中找尋另一種安定。以前面對生活中令人害怕、發脾氣的不安定因素，我總習慣用技巧性的說詞反抗，為的是掩飾心底深處的不安全感。我一直以為自己夠堅強，也以為特立獨行才叫自信，後來才發現其實這叫自卑。

流浪的過程就像剝洋蔥，當你剝掉一層層的防備，就會發現裡頭真實的自己，眼淚是副作用，人總要大哭一次才會長大。

記得當時我獨自搭上前往絲路的火車，第一眼看到黃沙遍野時，一種巨大的孤寂似乎要吞噬我，望著沙漠整整發呆了兩個小時；到了埃及，漂在紅海上，隨海浪飄浮三個小時。現在回想起來，反而懂得品嚐這股害怕。

一個人害怕久了，也就習慣了。

其實剛出門時，我帶著一股罪惡感搭上飛機，深怕在我浪費時間探索人生的同時，周遭的朋友就已經賺進百萬年薪，質疑自己為何就不能好好工作？當時我只買了一張單程機票飛去泰國，連第一晚要住哪？接下來要去哪？全都不知道。旅途上覺得自己不是個笨蛋就是白癡，一面煩惱著流浪到底有什麼意義。

但是在旅行途中，我透過不斷的移動持續吸收新的事物，這比關在房間原地踏步來得更務實許多。當驅體四處移動時，影子和思緒也被拋在後頭。你可能會在路上獲得一個陌生的微笑，或是在跌倒時被陌生人拉了一把，這小小的感動，可能會讓你重新相信人性，願意敞開雙臂，開始接受世界，此時也就能接納過去曾經犯錯的自己。

流浪的路上，你會開始盤點過去，思考什麼事該鬆手，什麼事該緊握。

鬆開雙手不是丟下，而是要試著放下；緊握雙手不是固執，而是要找回堅持。

當我重返台灣時，雖然一無所有，但也一無掛慮，彷彿換了新的腦袋與軀殼；原本令我害怕的事物，反而令我充滿期待，迫不及待想要去挑戰它們。

如果，真的決定要流浪，就不要害怕，讓自己享受浪費在美好時光上的生命，去品嚐苦澀的人生，找到屬於自己的味道。

流浪看似窮困，卻讓我更富足；
流浪看似自私，卻讓我更負責；
流浪看似逃避，卻讓我更勇敢。

千萬不要問一個旅人的未來，
因為他只在乎現在。

不斷探索與學習

有位大學生朋友即將升上大四，對校園教育已失去信心，想休學一年，出國走走，這樣子好嗎？

每個人都有權力對校園失去信心，也可以選擇休學，但絕對不能停止探索與學習。

這位同學比我理智多了，我在就讀大四時還想退學去旅行，因為不知道在學校還能學到什麼。我討厭考試，埋怨自己三年多來只為了 all pass 的目標而委曲求全，甚至還跑去教授辦公室求老師不要當我。當時我深信學校是一所監獄，而我只是一個懂得繳學費的犯人，唯一的目標就是快點畢業，早點離開這個鬼地方。

但有個朋友告訴我：「如果你是為了逃避問題而離開校園，即使出去旅行也會馬上夾著尾巴滾回台灣，因為旅行途中會遇見比考試更困難的問題，你連眼前的困難都不敢正視，又談何能力獨自旅行？現在可以退學，難道以後要退掉人生嗎？」

這些話，像一巴掌重重打在我臉上，讓原本看不清事實的我頓時清醒。我發現口口聲聲掛在嘴邊的旅行只是用來逃避的完美理由，事實上是我選了一個沒興趣的科系，自己也沒有足夠的信心跨越眼前的挑戰。後來，我還是乖乖完成學業，確定拿到畢業證書當天，就開始規劃人生第一次的八天七夜自助旅行。現在回想起來，很慶幸當時有繼續完成學業，面對所有困難、解決所有問題後才出門旅行，否則我現在可能只是一個高職學歷、只會逃避一切的旅人。

這位大學生朋友說他對校園教育已失去信心，這表示他曾經肯定是一個充滿熱情的學生，在他三年的求學過程當中，應該有許多不滿之處。每個人都可以暫時對校園失去信心，因為在不斷吸收新知識的過程中，難免會有倦怠感，人都會想脫離一成不變的生活。之後出了社會工作，每過一陣子也會遭遇到類似的倦怠感，到時，大家一樣有權力對工作失去信心，但卻無法再次輕易的轉身離開。

休學或旅行與否，絕不是最核心的問題，因為遲早要再次重返校園。所以，不如趁這個機會，去思考是什麼原因讓自己產生倦怠，開始動手處理眼前的問題，從過程中去探索與學習，並接納不完美的自己。

你可以對外在事物失去信心，但不能對自我失去信心。

大家可能聽說過「Gap Year」這個名詞，就是在大學畢業後、要出社會前，利用一年的時間出去旅行。古巴革命家切・格瓦拉二十三歲就讀醫學院時，和朋友休學一年騎著摩托車旅行南美洲，旅行結束後，他成為聞名於世的革命者。也許這位同學有雄心壯志想像他們一樣，但我在路上遇到利用 Gap Year 旅行的朋友們，從未對校園以及自我失去信心，反倒更勇於挑戰未來。千萬要小心不要把 Gap Year 當成是逃避問題的藉口，到時真跳進 gap 爬不出來，還摔了一身傷就欲哭無淚了。

最後，不論自己做出的決定是好是壞，都要勇於承擔一切。

勇氣不是不恐懼，勇氣是雖然害怕，
仍然試著做出正確的決定。

旅行征服的並不是世界，而是自己心中那股害怕感。它就像個投資，早點投資也許風險較大，但對後期的人生影響是深不可測的。

☑ 機會是老天爺給的，
祂不給，
就從祂手上搶過來

一生的投資

有位年屆三十歲的朋友，說自己存了一筆錢，現在正考慮是否要一口氣花掉去旅行？還是要繼續存著，等以後老了退休再去旅行？

我想對他說的是，趁年輕，身體可以自行控制時就走出去吧；老了，等身體不受控制時想爬也爬不出去。

身旁很多朋友常說，等退休後存夠錢再去環遊世界。剛畢業時我也這麼覺得，但隨著年紀越來越大，開銷只會越來越多，假如把人生規劃的預算也加進去，我突然意識到錢只會越存越少，若真的等到退休，存的錢可能只夠環島。

因此，我在二十八歲時花光所有人生積蓄，完成為期一年的旅行。你問我不怕窮嗎？當然怕，怕得要死！你能想像一個快要三十歲的男人，家裡銅板比鈔票多的感覺嗎？我甚至根本不敢翻開存摺，不敢去面對一無所有的事實。雖然我在出門旅行前就知道這是必然會發生的，只是沒料想到，真的面臨了年紀變大和沒錢的事實，竟可以引發如此深層的焦慮。

我花了好幾天時間面對自我焦慮，並沒有急著要解決問題，反而想慢慢解讀問題背後的根源，因為我知道如果不追根究柢找出原因，這粒惡魔種子就會在心中發芽。就像郭台銘曾說：「阿里山上的神木之所以大，四千年前在種子掉到泥土裡時就決定了。」我深怕之後焦慮感也會和神木長得一樣茁壯，到時想砍掉都難。

後來，我漸漸察覺出自己的焦慮是來自「對未來的不安全感」，我害怕的不是沒錢，而是沒錢面對未來。找到問題根源時，我問了自己：我可以連命都不要闖出國，在台灣闖還有什麼好怕的？

我們都怕沒錢，但年輕就是最好的本錢。

我曾經在柬埔寨的吳哥窟，看到一位老人費了九牛二虎之力才爬上一個兩層樓高的高塔，兩相對比下，我健步如飛跳上跳下顯得有點奢侈；也曾經看到另一位杵著拐杖的老人堅持不讓人攙扶，花了快二十分鐘才爬完一段階梯；在寮國旅行時，我遇見一個六十多歲熱愛旅行的朋友耳提面命告誡我，五十歲前要好好痛快旅行，否則五十歲後身體「痛」、生病「快」，旅行就真的更痛快了！

旅行征服的並不是世界，而是自己心中那股害怕感。它就像個投資，早點投資也許風險較大，但對後期的人生影響是深不可測，不過同時也要記住一件事，投資可能會失利，到時要為自己的行為負責，也要學會面對責任。

如果問我：「會後悔花光所有錢去旅行嗎？」

我會說：「我很後悔！後悔沒有在二十二歲就去旅行，因為這樣我就有更多時間去享受改變世界的樂趣。」

年輕時出國害怕沒錢花，老了害怕沒命花。
所以，沒錢沒命都要出去闖一下，
否則就只能等進棺材躺一下了。

✓ 與父母溝通

一位苦惱的家長寫了一封信給我，說他有個剛從高職畢業又不愛讀書的小孩，一直吵著要去環島當背包客，但他身為父母很擔心小孩安危，覺得他會學壞，不希望他去，所以兩人常吵架。他問我，自己究竟該怎麼做？

愛旅行的小孩不會變壞，也不會變乖，但會變得更懂事。

我以前是一位不愛讀書的高職生，當時也想去環島，但卻跑去打工把錢花在吃喝玩樂上。看到這位家長的小孩如此勇敢，可以為了堅持要旅行和他吵架，肯定是遺傳了他頑固的個性，他也應該感到欣慰，因為雖然旅行不會使自己的小孩比別人優秀，但至少不會待在家生鏽。

我曾經在埃及旅行時，看到來自歐洲的一家人，父母親陪著小孩一起當背包客，他們一家四口拿著地圖在討論該如何規劃路線，當小孩主動表達意見時，父親會像個哲學家般不斷發問：你們為什麼會想去？怎麼去最省時、省錢？我當下感動到流淚。如果在台灣，父母親可能老早就在半年前在旅展買好套裝優惠行程，甚至連出門前一天都會幫小孩打理好行李。這兩種旅行教育下的小孩，你覺得哪種會讓他們勇於思考、獨立並且勇敢？

一群被乖乖關在籠子裡的動物，其中只要有一隻想要逃跑，肯定會被主人好好教訓一頓，我希望這位家長不會是那樣的主人。

踏入社會時，我們會面對到許多令人膽怯的事物，比如在職場上進入一個陌生的環境時不知該如何是好，不曉得該怎麼和同事相處，遇到危機不知該如何處理。這不就和旅行很像嗎？旅人會到陌生的環境，要和陌生人相處，遇到危險也要隨機應變。這個孩子如果能在十八歲藉由旅行早點學習如何適應環境，也算是一場別具意義的成年禮。這麼做有點像獅子會把幼獅棄於荒野中，讓牠們靠自己的力量生存下去。小孩如果學會在年紀輕輕時，就可以獨自一人跨出家門踏上旅途，未來他還有什麼好怕的？

曾經在某場講座上遇到為人父母的聽眾問我：「小孩子就該好好讀書，為何要到處亂跑？」我開玩笑的說：「年輕才有體力亂跑，年紀大了就跑不動了。」

我猜這位家長氣的不是小孩想要離家旅行這件事，只是暫時無法處理離別的情緒，導致手足無措。做家長的千萬不要因為一時失控，抹殺小孩子想要認識世界的熱忱。當一個人失去對世界的好奇心時，我們能想像這是多糟糕的一件事嗎？

有些過於偏激的父母，誤以為小孩離家是因為不愛家，這道理似乎有點說不通，沒有讓小孩適度離開愛的舒適圈，他們又怎會瞭解自己擁有多少愛？我認識太多長途旅行回國的朋友，他們從抽離之中發現親密，從陌生之中發現熟悉，從灰心之中發現信心，他們說離家是為了找到回家的路。

可以的話，除了讓小孩去旅行，也讓自己學會旅行，因為旅行路上所有人都是平等的，這會讓家長學會擺脫角色扮演，才能開始當小孩的朋友，也因為小孩心中的祕密都只會和朋友說，當他願意和父母分享祕密時，孩子和父母就會是一輩子的知心朋友。

旅行，是挑戰自己的極限，
也在挑戰父母的極限。

男人的責任

最近我辦了幾場小型分享會，每場聽眾都大約十來人，當中只有一位男生參加。我發現中、大型分享會也都是女生居多，於是好奇的問了現場女性朋友：「你們身旁的男生愛旅行嗎？」幾乎所有人都搖搖頭。有人舉手說：「可能是男人的責任感較大，比較在乎工作無法去旅行。」

這個答案，讓我思考了兩件事：責任感較大就不能在乎旅行嗎？到底人要為社會負責任，還是為自己？

男生一輩子拼了命賺錢就只是為了向社會証明自己是個真男人？努力工作的男人就一定很有責任感？努力旅行的男人就沒有責任感？當初在職場上工作的我遲遲無法解答這些問題，因此出走找答案，在旅行中經常思索這些問題，也藉由體驗不同文化，認識不同思維的朋友，嘗試去找出完美答案。

我在這些問題之中找到了共同點，原來都和錢有關。今天抛開性別立場不看，這個社會教育我們錢很重要，努力讀書是為了賺錢，努力工作是為了賺錢，努力旅行會沒錢，好像無論是為了什麼努力，都出不了白銀帝國的大門。

旅行途中，我看過世界最貧窮的角落，也到過生活非常富裕的地方，看過這些，才覺得遠方終於有道光射入，照亮自己心中困惑的黑暗角落；我開始找到屬於自己的生命彈性，我不再為排斥而排斥，不再為追求而追求。

我們之所以排斥貧窮，是因為這個世界一直灌輸人們貧窮很可憐、很悲慘，所以大家害怕貧窮。但當我到了寮國、柬埔寨、印度時，看到許多貧窮的人其實一點也不可憐也不悲慘，他們反而更懂享受生活，臉上常常掛著笑容，他們只是物質生活貧窮，內心卻是比任何人更懂得知足常樂。

我們之所以追求富有，是因為認定錢可以滿足自己一切物質需求，甚至以為可以用錢買到快樂。但我在羅馬時，認識了一位開名車、住豪宅的朋友，他臉上幾乎看不到笑容，因為他總是忙著賺更多錢，如果別人賺一千萬，他就要賺一億，他表面上富有，心靈卻比任何人貧窮。

每個人都有不同的生長背景，也都是最獨一無二的，我們應該盡力從工作、旅行、生活之中找到一種屬於自己最獨特的生命彈性，不要把自己繃得太緊，也不要放得太鬆。

台灣有個曾叱吒風雲的企業家，他努力賺錢，有人人稱羨的成就，但他也遇到了人生瓶頸，他曾問自己「到底想要什麼樣的生活？」在那之後，他就開始嘗試做不一樣的自己。他把自己從現有的世界抽離，從追求小我的成就，擴大為對世界的人文關懷；他曾到斯里蘭卡打坐，創辦社會企業，以創投模式，投資社會企業的創業計畫，協助公益團體找出一條可以永續經營的商業模式，他的目標是讓世界更美好。

他說：「人文關懷，簡言之，就是關心人、愛護人、尊重人，懂得欣賞差異，聆聽別人，是社會進步的動力，更是個人自察的方法。人文關懷精神具有改變自己與社會的能量，因為透過思考人應當如何生活、人之為人的價值，可以清楚探索自我與想要的人生樣貌。假如沒有觀察到真正的自己，你很難真正去關懷別人，也很難有人文關懷精神。」

他走到世界不同角落，重新定義人生使命，找到生命彈性，也成就另一個新的自己，他就是趨勢科技創辦人張明正。

如果男人在現有世界的圈子裡找不到答案，那就到其他圈子裡找出於屬於自己的答案，是逃避？是勇敢？一切自己決定！

要成為自己前，先定義好自己。

機會是老天爺給的，祂不給，就從祂手上搶過來

有位剛畢業不久的新鮮人曾向我抱怨工作薪水很少，根本存不到錢去旅行，甚至氣憤地說台灣社會都不給年輕人機會，不知該如何是好。

我想對他說，機會是老天爺給的，祂不給，就從祂手上搶過來。

讓我們把場景拉到紐約，這是許多年輕人嚮往的慾望之都，每分每秒都有數不清的年輕人想要在這裡得到機會，無論來你自多優渥的家庭，都要靠自己的力量去舞台上搶機會。其中有一位小女生來自優渥的家庭，有褓母伺候，十七歲時就優先被獲准進入紐約大學藝術系就讀，她父親一心栽培她成為氣質公主，但她卻想走自己的路，二年級就輟學，在紐約曼哈頓的下城（以藝術圈著稱）目標成為一位專業女歌手。按照她自己的話形容，她說：「我離開了自己所擁有的家庭生活，

搬到最便宜的公寓，吃垃圾食物，直到有人能聽我的音樂。」

她在十九歲時就被美國嘻哈大廠 Def Jam 簽下，卻在三個月後遭到解約。她並不因此灰心，才華再度受到 Interscope 廠牌和阿肯的賞識而納入旗下，並為菲姬、小野貓和小甜甜布蘭妮等藝人寫歌。經過三年歷練，二十二歲的她正式從老天爺手上搶到機會，要全世界的人都記住她。她說：「我只是做我覺得應該做的事，我幾乎跑遍紐約的每家夜店，而且無論我到哪裡，都獲得熱烈的迴響，迷倒全場的觀眾，唯有此刻我才真正覺得自己像個藝人。我知道該怎麼做才能在這個圈子裡生存、站穩腳步，也知道怎樣做會失敗。而我的結論是，我不只是個歌手，更是個表演者。最重要的是，我得非常認真地工作。」她就是女神卡卡（Lady Gaga）。

做自己能做的事，去自己能到的地方。

嚴格來說，現在自助旅行的花費可以比過去還省，可利用網路找到便宜機票、當沙發客、向別人打聽便宜旅館、投計劃書找旅行基金，這些都是過去沒有的資源。我曾認識一位熱愛旅行的女大學生，不斷打工存錢，為的就是靠自己的力量去旅行，她比任何人還努力，也知道必須存多少錢才能去多少地方。她自己的旅行，自己負責。

台灣不給年輕人機會？正確來說應該是，台灣不給站在原地抱怨的年輕人機會才對。

我認同抱怨這件事，每個人都有權利抱怨用餐時餐廳員工服務態度不好、某電子產品不好、自己不夠努力，這些良性的抱怨會讓人更求進步。王品因抱怨而壯大，蘋果電腦因抱怨而創新，Lady Gaga 因抱怨而成功。

抱怨不可怕，可怕的是抱怨後什麼都不做。

台灣名導魏德聖也曾抱怨自己不夠有知名度、抱怨企業不願意投資電影，所以籌不到資金拍電影《賽德克・巴萊》，但他的抱怨後面藏著比任何人都還努力的具體行動。他拍了《海角七號》，接著也用行動拍完一部所有人都不看好的史詩電影。

你開始抱怨了嗎？這是好事，接著你該開始做點什麼事了！

天使也會抱怨，但祂只會嫌自己不夠努力。

旅行不一定是最好的選擇，但肯定是影響你最深的決定。一個人可以藉由旅行，搶回人生考卷，重新思索何謂「成功的定義」，打破別人建構的想法與價值觀，再重新拼湊出屬於自己的東西。

☑ 先旅行？先工作？

先旅行？先工作？

有些年輕朋友剛從大學畢業，正在考慮要先工作？還是先打工渡假？但又擔心現在經濟景氣很差，旅行回國後找不到工作怎麼辦？

我想分享的是：「不要工作！也不要打工渡假！」

一個對自己有信心的人，不會因為景氣不好就找不到工作，今天景氣若好，也可能找不到工作，所以旅行與景氣並不會影響你找工作！

為何不要工作？也不要打工渡假？因為你現在已經陷入兩難的抉擇，想在兩者之間「得到」最有利的答案。如果今天反過來思考，要在這兩者之間擇一「失去」，令你最害怕失去的答案，就是你最要把握住的，這是要你學會不讓自己有遺憾，同時也學會承擔未來。

我自己大學畢業後的煩惱是「要先當兵？還是先旅行？」我當時利用等待當兵的空檔，拼命打工賺錢，送給自己人生的「第一次」，是去中國上海八天七夜旅行。當然全家人都反對，但我還是任性出走。當完兵，想靠自己的力量完成旅行夢，我知道必須要先存錢，所以先工作一年半，存到錢後才又出國當「冒險王」。我的人生態度是「有錢就旅行；沒錢就工作」。

每當要陷入兩難時，我都告訴自己：「人生遇到瓶頸時，不要慌，不要害怕，直接把瓶子砸了就行。」

回國後找不到工作又該怎麼辦？

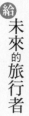

也許我們該多花點時間思考「工作的定義」。工作是為了討口飯吃？還是當公司、老闆的奴隸？又或者是只是把工作純粹當成賺錢手段？

我試圖在旅行路上思索這些人生難題。當時拋下一切出走旅行的我，已習慣被人閒言閒語，有人會批評我過得太爽，只是個沒生產力的無業遊民，因為他們以為旅行就是玩樂與放縱。

但你知道嗎，我在旅行路上遇到的大多數朋友，每個人都很辛苦的為夢想而努力。有人四處賣藝賺錢、有人從事公益服務、有人虛心認識陌生環境……他們都藉由旅行的機會重新詮釋工作的意義。

曾經有朋友開玩笑的說：「工作多好，有人付你薪水來體驗人生！」

旅行回國後，我把工作當成挑戰，迫不及待投入工作，想體驗生命。

有機會的話去趟東南亞吧，看看他們每月辛苦工作，卻只能賺幾十塊美金，連房租都付不起；那邊的人民窮困，卻又不一定找得到工作。看過他們的生活，你肯定會珍惜自己所擁有的，在台灣的收入差異在於能不能多買幾個名牌包包，想要餓死也很難。

工作造就人生深度，旅行成就人生廣度。兩者缺一不可。

人不需要關在家裡，因為世界是個大家庭；
人不需要關在學校，因為世界是座大校園；
人不需要關在公司，因為世界是座辦公室。

☑最重要的事

有位朋友說他想去國外打工渡假，但看到相關負面新聞，提到打工渡假的年輕人淪為台勞，他開始擔心這樣的決定值得嗎？疑惑這樣的經驗對自己的人生是加分的嗎？

很多事情沒去嘗試，根本無從知道值不值得，重不重要。最有效的方式就是問那些已經嘗試過的朋友，獲取他們的經驗，讓你有如站在巨人肩膀上，看的世界能更清楚、更遠。

我在法國旅行時遇到一位五十多歲的台灣女華僑，她在十八歲時用自己辛苦賺的錢完成環遊世界的夢想。當時，我問她：「什麼是最重要的事？」她不太願意回答這個問題。她說我不是你，無法告訴你什麼最重要，因為每個人的判斷標準不同，但她給了我三個大方向，她說：「如果你做的事情，符合這三項條件，那就屬於重要的事，值得做下去。否則，可以考慮就此罷手。」以下是她提到的三項條件。

1、不要只為了賺錢

她說年輕人容易犯的一個大錯誤，就是太在乎錢，將金錢做為衡量成功的唯一標準。實際上，錢的作用在於能用它來做自己想做的事。錢本身並不是生活的日的，自己想做的事才是最重要的。錢就好比汽油，生活的目的不是為了獲得汽油，而是為了將汽車加滿油後，能去自己想去的地方。

不要去想自己怎麼樣才能賺到錢，而要去想自己對他人、對社會的價值在哪裡。你要相信，如果你對社會是有價值的，你就一定能賺到足夠用的錢，雖然未必會很多。

也不要讓自己變得太現實，很多台灣年輕人工作的目的，就是為了早日能買到一間自己的房子、一台車子。你應該有一些更遠大的目標，天下的房子、車子何其多，但是你的人生只有一次。

如果，當你做一件事只關心什麼時候才能獲得回報，而不是什麼時候你能做出更大的成果，這通常是一個危險訊號，表示你的人生可能走錯了路，正在浪費自己的生命。

2、創造更多的價值

如果你在做的事情，不能為世界創造更多的價值，或甚至幾乎找不到任何一點價值，那就別去做。

任何真正成功的人生，都是為他人創造價值的人生；任何真正成功的企業，都是能為客戶創造價值的企業。如果一個朋友不能為我們帶來任何正面的影響，關係就難以維持；如果一個企業的產品沒有購買價值的話，客戶就會流失，企業就會關門。我們的人生透過不斷與他人進行雙贏的價值交換，達到提升自己和發展自己的目的。

第一個和第二個觀念是緊密相扣的。前者可用來幫助你判斷該選擇怎麼樣的事業；後者則能用來判斷你的事業能否成功。以旅遊書《Lonely Planet》創辦人為例，他們一開始的目標就是出版能滿足旅行者的新型旅行指南。於是，他們在書中放入豐富有趣的內容，讓旅行者在閱讀時、旅途上能獲得更多樂趣。就是因為做到了這兩點，才讓《Lonely Planet》成為全世界最暢銷的自助旅行書。更重要的是，這一群人熱愛旅行。

我常常問自己：我們得到了什麼？我們又創造了什麼？

3、顧及長期利益和整體利益

簡單來說就是眼光要放遠。人類的生命不過數十年，這註定了我們是一種短視的動物，導致我們無法跳脫窄小格局，只能用短視狹隘地判斷自己的利益，特別是不願意犧牲自身的短期利益，用以換取長遠的利益。

但這樣做只是拿將來換取現在。當你開始要規劃人生時，必須有長遠的觀念，要考慮五年、十年，甚至二十年後的發展。現在的社會不斷告訴社會新鮮人要先選擇就業，但如果一個人單純只為了有收入而去工作，可能會造成某些人生遺憾。因為人生太短暫，一旦走錯路，將來要再回頭，幾乎是不可能的。所以，當短期利益與長期利益發生衝突時，你要非常小心地去衡量人生的輕重緩急。

還有，當局部利益與整體利益發生衝突時，你還要考慮其他人的利益，說得誇張一點，還要考慮子孫的利益；你看看現在的歐債問題，大概就能瞭解了。所有人的命運和選擇都是息息相關的，你個人的成功是建立在你對集體的貢獻之上，所以對你來說重要的事，往往對其他人也是重要的。判斷某件事是否重要時，除了自己的立場，還必須考慮其他人的立場。

另外要記住，站上巨人肩膀後，不要賴著不走，時候到了也該跳下來，讓自己也成為巨人，接著讓更多人站在你肩上。

許多不平凡的人，都是從平凡中出走的。

其實，我們不必介意輸在起跑線上

一位剛出社會的朋友一直很想去旅行，但怕回國會輸給別人，遲遲下不了決心，不曉得該如何是好。

其實，每個人站在不同的起跑線上，沒有優劣之分，重要的是好好努力，把短暫的人生描繪得更精彩。

不可否認，我們活在一個充滿競爭的社會，只要有人類存在，就一定會有比較。沒有人喜歡被比下去，沒有人喜歡失敗，沒有人喜歡輸的感覺，人人都想拿第一名。但第一名只有一個，沒有拿到第一名就一定代表是輸家？拿到了第一名就代表是贏家嗎？

我在印度當志工時，認識一位四十多歲來自德國的朋友，他放棄高階經理職位來到印度數十年。每個聽到他故事的人，都會好奇的跑去問他為何要來這裡，而他都會告訴別人：「我人生上半場已贏得謙虛，下半場我要輸得光榮。」

我經常問自己：「自己活了二十七年，到底贏了多少？又輸了多少？同年紀的朋友都已經有份安穩、高收入的工作，我人卻在印度做一些無法獲得收入的事情。但這裡的朋友來自世界各地，年齡層也分布廣泛，當我看到年紀比我大的志工，心想他們應該會更擔心自己的未來，因為他們不像年輕人往後有那麼多機會，社會壓力也較大，但為何他們臉上卻看不到憂慮？

有天我忍不住找了一位三十多歲的香港朋友聊天，他說：「在香港你會被逼到不得不賺錢，因為我們從小就接觸到股市、馬市，搭班船就能到澳門賭場。當你看到某人在其中因而賺到錢，你會不心癢嗎？每天都活在與人比較收入的恐懼中，又活在一個這麼小的地方，你能逃去哪？」他半開玩笑的說：「臺北人忍受不了臺北時，還可以逃到台南、花蓮、台東這些能讓心情放鬆的地方，但在香港你卻找不到可以避難的防空洞城市。最後只能往心裡逃，或是像我一樣逃出國……當初我決定要出國時，被許多人說是輸家，因為我放棄了一份即將可以升遷的工作，但我知道，再不離開，看似贏了別人，卻輸了自我。」

他的話讓我重新審視自己，或許現在沒有好工作、沒有好收入、沒有好的未來，但這些也許都只是為了滿足別人期待的眼光？又或者是要虛榮自己？當真的有高收入、有好未來時，那我是不是會變成像這位香港朋友說的，只是贏了別人，卻輸掉自我？

當我把自己的困惑告訴香港朋友，他只送我一句話：「Be yourself！」

接著他說：「既然你已經出來了，輸贏就先放一邊吧，如果你正在做自己，那就是成功了。一個人這一輩子只須要學會一件事，就是不斷超越自己。」

旅行不一定是最好的選擇，
但肯定是影響你最深的決定。

成為被需要的人

這幾年經濟不景氣，公司行號不斷傳出裁員消息，剛好一位朋友運氣不好被裁員，他跟我說，被裁員心情已經很難過了，家人又整天逼著找新工作，正考慮是否要出去旅行散心，不曉得該去哪走走比較好？

這位朋友現在處在人生中最難熬的時刻，我想，他需要的不是一份新工作，而是要「心」工作，或許他該去自己最害怕但又最想去的地方！

為何說不需要新工作？因為他還沒處理完難過的情緒，如果貿然選擇一份自己不喜歡的新工作，又不小心離職，可能無法承擔這種雙重打擊。

每個人的生命都是一個故事，想想故事書裡除了文字、圖片以外，還需要什麼？就是「標點符號」。工作只是整篇人生故事裡其中的一段話，離開工作並不是故事的「句號」，只是畫下「逗號」，而這個逗號就像「旅行」一樣，讓自己可以接著動手寫另一段話。

很多人都沒把握住這個「逗號時光」，從「心」工作。

人就像一台電腦，從出生到現在，心中插滿著許多記憶體，任由它二十四小時快速運轉。社會教導我們凡事要越快越好，不論是閱讀、考試、賺錢……尤其是成功，沒有一本書會教人「慢慢成功」，一般人根本連成功二字都還來不及寫完，人生考卷就被收走，然後被所謂的專家學者下定論、打成績。

一個人可以藉由旅行，搶回人生考卷，重新思索何謂「成功的定義」，打破別人建構的想法與價值觀，再重新拼湊出屬於自己的東西。

曾經有朋友對我說：「不打破舊的東西，怎麼拼湊出新的東西！」

旅人在旅行路上，肯定會遇到許多「破壞狂」，他們每天都在打破自己，想要創造出新的自我；但也會遇到「保守派」，他們努力保護自己，不讓生活有任何閃失。可以的話，要把他們當成反映自我的鏡子，去認識、瞭解他們，重新拼湊出自己的樣貌。

一個人該去自己最害怕但又最想去的地方，因為這個地方最有可能把自己打醒，雖然會有點痛，但卻能從混亂的意識中清醒，很多事情痛過才會明白。

還是記得要量力而為，有能力就出國，不行的話就來趟環島之旅。

旅行回來，我才發現台灣真的是一塊很美麗的寶島，有濃厚的在地人情味。我也搞不懂為何每次都要別人說台灣很棒，我們才會覺得很棒；很多人搶著來台灣，我們卻搶著離開台灣。

世界上沒有不美麗的事物，只有不美麗的眼睛，只要用心感覺，一個看似不起眼的角落也有其美麗之處；如果一個人連自己的國家都不珍惜，去其他國家也是糟蹋。

旅行並不會讓考試得滿分，
但可以讓人生及格。

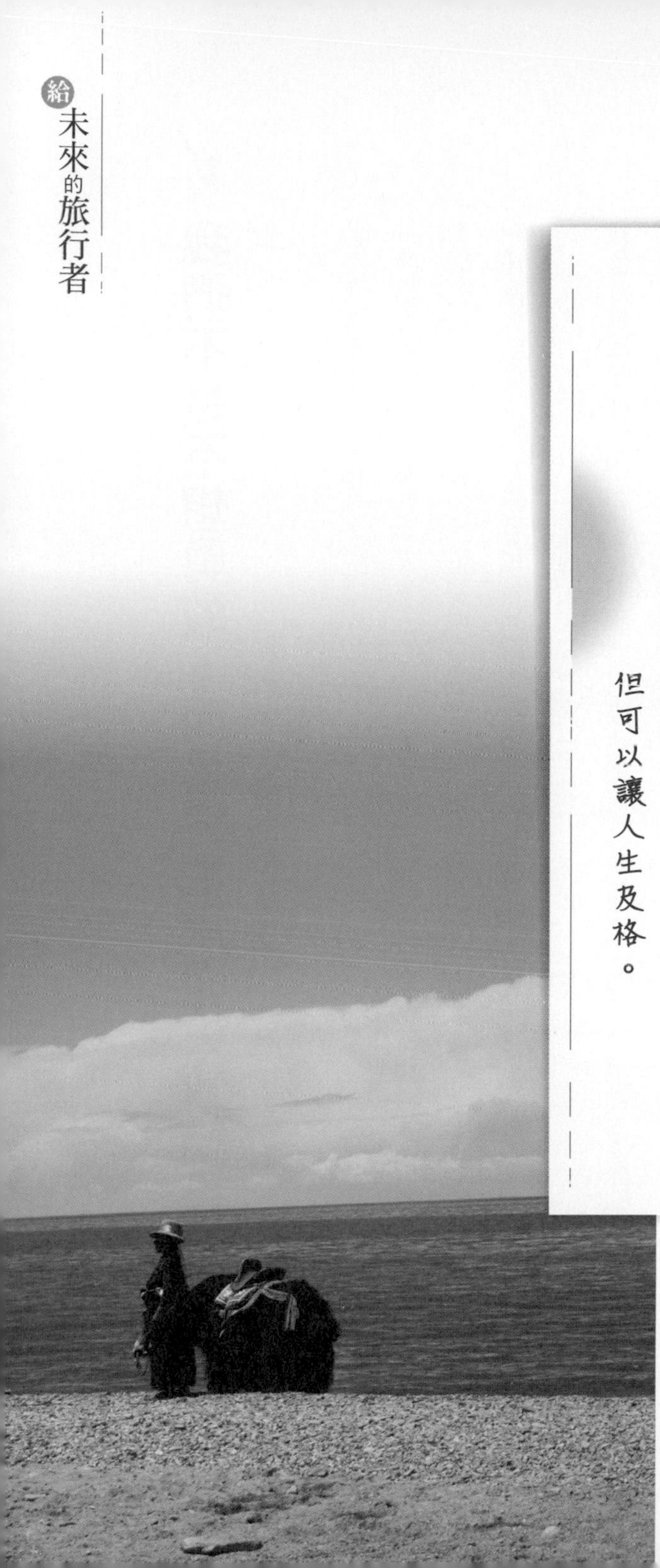

我們不是不想勇敢，而是害怕承擔失敗結果

曾經有個女生寫信給我，信上她說：

「我是今年即將畢業的女大學生，非常熱愛自由，因此想要當空服員，但又一直希望能馬上去打工渡假，可是與一些有工作經驗的姊姊們請教後，大家似乎都傾向建議先累積工作經驗，也有人對我回國後能有多大的改變感到懷疑。

我也打電話問過航空公司，他們非常不建議打工渡假，因為最容易被錄取的是應屆畢業生，年紀越大越困難。是不是真的當了空姐以後（或是找到其他工作），再利用閒暇之餘去旅行會比較好呢？有了經濟能力再去旅行，而不是背負著回國後的未知數及家人的不諒解出去會比較好呢？

可是我心裡似乎還有不一樣的聲音。當一切都穩定下來了，我還有出發的勇氣嗎？我好想去看看不一樣的世界，但又無法說服自己有能力、比別人優秀，難道

這一年真的就只是自己玩爽，回國後履歷也不會加分？如果價值只有自己知道，這樣值得嗎？」

有時候，我們不是不想勇敢，而是害怕承擔失敗結果。

我碰巧這幾天看了《三個傻瓜》這部電影，這個女生的來信讓我聯想到其中一個喜歡拍攝動物的主角「法罕」，他同樣背負著家人的期待攻讀工程學位，直到最後才被最忠於自己的藍切的鼓勵打動，提起勇氣向家人表明自己的志向。他的家人剛開始也是難以接受的說：「你去攝影能賺到什麼錢？五年後，你看到朋友買車買房，你會責怪自己，全世界都會笑你。」

法罕回說：「當工程師無聊又挫折，到時我會責怪你，而我寧願責怪自己。」

法罕接著又說了最關鍵的話：「我要說服你，但不是用言語威脅。我當攝影師的話會怎樣？不就是錢少賺一點，買小一點的房子，開小一點的車子，但我會很快樂，我會由衷的快樂，我會打從心裡孝順你。我從小到大什麼都聽你的，就這麼一次，讓我聽從我的心吧！」

無論這位女生最後是選擇要工作或旅行，都應該想想如何創造自己的價值。她害怕旅行回國後考不到空服員，可能是已經把自己侷限在這個職位上，所以才會更害怕得不到這個職位，難道喜歡自由的人就只有空服員這個職位可以選擇？如果有天自己離開了這個職位，不是又要再重新苦惱一次？

她其實可以花點時間問問自己，曾經搭過飛機的自己，喜歡什麼樣的空服員？為什麼自己非要當空服員不可？當一個人往自己心底深究，真正的價值觀就會在這過程中跑出來。這會是一個人最強而有力的武器，因為每個人在這一生中，肯定會不斷與社會的價值觀產生碰撞，此時，就要拿著這樣的武器去反抗，而不是只會說：「只要我喜歡，有什麼不可以。」

至於旅行一年會不會幫工作加分？我想反問她：「妳覺得讀大學四年會不會幫工

作加分？」這些問題都沒有絕對的答案，只要抱持著人生就是不斷的學習這樣的想法，無論自己去了哪、做了什麼事，都一定會幫人生加分！

有時，真正的成功之路，
正是自己最害怕的那條路。

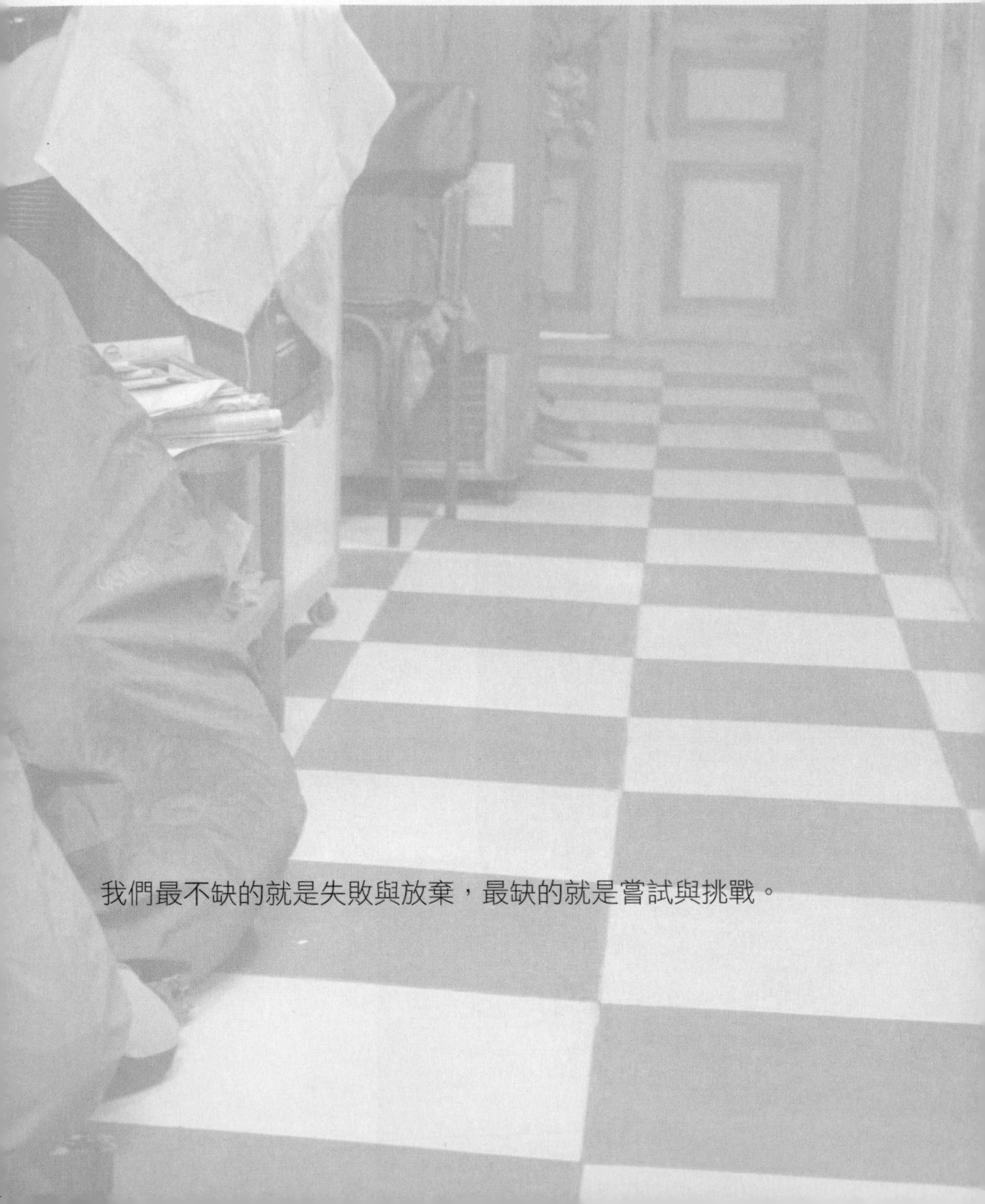

我們最不缺的就是失敗與放棄，最缺的就是嘗試與挑戰。

如何克服
旅行前的憂慮

別害怕英文

很多人說自己英文不好，不敢出國旅行怎麼辦？

當初我也以為只有會英文才能獨當一面出國旅行，和你分享一個自己的旅行故事。

出國前，我英文很差，因此找了一位英文很流利的旅伴同行，原本以為一路上可以依靠他，誰知道才旅行不到一個星期，兩人就不歡而散，原因是他覺得我太依賴他，每次當他和別人用英文溝通完，又要再向我翻譯，久而久之就感到厭煩；當然，其中還包含許多意見上的分歧。

當時我的英文爛到連問路都不會，一聽到別人和我說英文我就會怕得要死。跟旅伴分開後，更加害怕無法與人溝通，曾經一度想要打包行李回台灣。

我很認真的問了自己：「為什麼這麼害怕英文？」這個答案似乎是因為無法與人溝通而感到自卑，也怕被別人取笑，並不是因為真的不會英文而害怕。所以，我用了一個很笨的理由克服自己的心理障礙：「我無法與外國人溝通不是因為我不會說英文，而是他們為何不會說中文！」

之後，每當外國人和我說一連串我聽不懂的英文時，都不會感到羞愧，反而會用幾個僅懂的單字和他們比手劃腳，這個舉動讓我感受到陌生語言的趣味性，而且我還會用破英文教他們中文。

我在中國旅行時，曾經遇到許多來自世界各地的背包客，他們沒有因為不會中文而感到害怕，反而更厚臉皮的說奇怪的中文，很努力學習不懂的語言。你想想，如果在台灣遇到外國人不會說中文，你會取笑他嗎？我想是不會的，反而會覺得他們很勇敢，一句中文不會說也敢來台灣。

所以，其實如果你一句英文不會說也敢出國，別人會很佩服你的勇氣。

為何英文會被當成世界語言？除了英美的文化強勢之外，可能就是因為它學習容易，不會太困難。所以你要為自己感到驕傲，因為中文是世界上公認非常難學的語言之一，而且是最多人使用的語言。你都已經可以使用中文，英文能難倒你嗎？

其實自己即使與陌生人說同樣的母語也不見得敢溝通，所以有時問題不是出在語言是否相通，因此又何必怕與陌生人說陌生語言？想要克服與他人的溝通障礙，就先學習與自己溝通吧！

與其花一堆錢在台灣學英文，倒不如出國旅行吧！國外有一堆朋友等著要免費教你英文，還會送你買不到的「勇氣」。

☑一個人旅行

一位只有十六歲的女生，一直有個夢想，就是能像我一樣獨自旅行，她很佩服我，也很羨慕我，問我：女生真的可以一個人旅行嗎？

我想對她說的是：在妳接下來的美好生命中，不要去羨慕任何人，也不要想成為任何人，因為每個人都是獨一無二的。未來，妳不可能成為我，甚至會超越我，是誰說女生不能一個人旅行的？

我以前也非常膽小害怕，討厭自己做許多事都無能為力，羨慕那些被冠上「成功人士」頭銜的英雄，以為自己有一天能像他們一樣成功。但出了社會，看了世界，才知道我永遠不會成為他們。其實所謂的成功，只不過就是「做自己」，去實踐以及堅持心中的想法。

我花了一年的時間，認識了世界各個角落的朋友。每個旅人離開了自己熟悉的家鄉，努力找尋自己在世界上的位置，沒有一個人在和別人爭位置，他們知道這個世界很大很廣，自己總有一天會找到自己的位置，站在最適合的角度看世界。

我在旅行中遇到的背包客，女生其實竟然比男生多；在國外遇到的台灣朋友大部份也都是女生。我對此也感到很納悶，不曉得是否男生都留在家鄉為了台灣拼經濟。

很多想要獨自旅行的女生常會有一個謬誤，以為整趟旅程從頭到尾都只會有自己一個人，這是令我最感到不可思議的。因為又不是每個人都像三毛流浪在撒哈拉沙漠，整路只有滾滾黃沙、孤魂野鬼相伴；妳也不是去無人島，怎麼可能會只有自己一個人旅行？

「一個人」指的是心態並非實際狀態。其實只要妳願意，連公車司機都可以是妳旅行路上的朋友，更別說在機艙內、巴士上、旅舍內，隨處都有一堆陌生人等著妳開口與他們聊天。

獨自旅行的樂趣在於「和妳一樣害怕孤單的人，絕對不會讓妳孤單」。

很多時候，我們都企圖打開心底的那扇門，想要出走，但卻一直找不到「把手」，不小心，就把自己關起來一輩子，等年紀越大門越厚，老了就推不動了。

趁現在還年輕，快點找到「把手」，推開門；如果找不到就撞開門，讓自己去「撞」世界，從跌跌撞撞中體會疼痛，會痛的世界才叫真實。

但記得照顧好自己，一切小心。

去讓世界改變妳，接著妳來改變世界！

克服孤單

有位朋友一直很想要試著一個人旅行，但是克服不了孤獨的感覺，問我應該怎麼辦呢？

人一生必然會遇到幾個矛盾衝突，想成為獨立個體，又無法忍受成為獨立個體後的可怕孤獨。

作家卡繆曾在書中這樣描述在異鄉的旅行：

「我無依無靠在一個城市，連路標都看不懂，也沒有可以談話的朋友，總之，就是毫無樂趣可言。整個房間瀰漫著陌生城市的各種聲音，我知道沒有任何事物可以引領我到有柔和之光的家或其他令人珍愛的地方。我要大聲喊叫嗎？這樣只會出現更陌生的臉孔。習慣的帷幕、舒適的狀態和話語的薄紗，心逐漸遲鈍，如今卻逐漸拉開，終於揭露焦慮的蒼白顏面。人面對面看見自己，我不相信他還會快樂……」

很多人都以為獨自旅行令人害怕的是獨自接觸陌生的環境，實際上，最令人害怕的是碰觸最陌生的自己。

剛開始在旅行路上，我不時會有強烈的孤獨感，尤其是身處在某個空寂的環境中，這種孤寂感會倍增。起初我非常抗拒，試圖要克服，但往往適得其反。後來，我遇見一位已旅行半年，年紀和我差不多的日本人，他一見到我就神態自若的說：「你一定是剛出來不久吧，我以前和你一樣，你只是還沒習慣孤單！」

他一句話點醒夢中人，以前我不曾去習慣孤單，因為這意謂著分離，沒有人喜歡這樣的無助感。慢慢的，我在旅途上習慣孤單，但這不代表我是孤僻的人，我反而能自由的控制自己的心理狀態，搭交通工具移動時，我會開啟自我的保護膜；住進旅舍時，會關閉它；要離開剛認識的新朋友時，又會開啟它。在這樣的一開一關的過程中，孤單的狀態已經不讓我焦慮，反而像是老朋友一樣親切。

如果想要一個人去旅行，那就不要去否認自己的孤單感，也不要去抗拒它，試著用交朋友的心態來看待，重要的是記得和它對話，讓它認識你，讓你也認識它，它肯定會是旅行路上和你感情最好的最佳損友。

獨自旅行一點也不難，
難的是離別情緒的處理。

克服恐懼

一位朋友想要自助旅行，但是顧慮很多，想東想西，結果難以成行……他想知道該如何用最快的方式克服面對旅行的恐懼？

我想一般人可能會說「做了就對！」、「別害怕！」、「要勇敢點！」但這些的答案似乎都過於籠統，套一句前美國總統羅斯福夫人說過的一句話：「每天做一件自己害怕的事。」我建議可以試著用行動去接觸恐懼。

你是否曾經把面對旅行最恐懼的事一一列出來？怕英文不好、怕和父母溝通、怕和陌生人聊天、怕獨自一個人、怕出國不會下廚、怕被人偷搶拐騙、怕迷路、怕不會買機票、怕回國後不知道要做什麼、怕做錯事會被罵……

我一直認為「恐懼」是人類與生俱來的本能反應，是一個很好的保護機制。舉例來說懼高症保護你免於墜樓；怕水保護你免於溺水；怕溝通保護你免於被嘲笑；怕未來能保護你免於面對可能的失敗。

但過度縱容自己保護自己，可能會讓自己少了許多人生樂趣。

你可能會因為懼高，無法欣賞高山美景；因為怕水，無法享受海底風光；因為怕溝通，少了認識人生中重要朋友的機會；因為害怕黑暗，而無法看見緊接著黑暗而來的光明。

「恐懼就像父母，勇氣是它的女兒，如果你想要和女兒交往，就必需經過父母的同意。」朋友曾經這麼形容恐懼和勇氣的關係，聽完後我恍然大悟。

我曾經因為恐懼游泳，所以進海軍時自願當潛水員；因為恐懼當背包客，所以出國旅行一年；因為恐懼辦展，所以策劃了小型攝影展；因為恐懼寫文字，所以出了一本書；因為恐懼未來，所以把握現在。

直到現在，我依然不斷問自己：我還在恐懼什麼？

我們常害怕自己缺點比優點多，也容易拿放大鏡檢視自己，我也因此焦慮過。但成功的人之所以成功，是因為他們可以把缺點化為優點。

快擁抱恐懼吧，如果真被賞了一巴掌，至少還會讓自己清醒。

恐懼是件好事，不恐懼的人，才容易出事。

勇敢是一種習慣！

每個要出發的旅人，面對未知的旅程，不免有許多擔憂，會擔心交通怎麼辦？住宿怎麼辦？生病怎麼辦？錢掉了怎麼辦？護照不見怎麼辦？迷路怎麼辦？遇到危險怎麼辦？語言不好怎麼辦？

我幾乎沒遇見有哪一位朋友有過從頭到尾都很完美的旅行經驗。旅行似乎註定了就是要犯錯。旅行不會讓日子過得更輕鬆，反而讓你一路上隨時在跌倒，搞不好還會栽進一個大坑洞，想爬也爬不出來，最後甚至可能會變成一段傷痛的記憶。

當初我辭掉工作旅行，決定流浪世界、當一位背包客，沒想到卻是惡夢的開始。

第一天出門就遇到一大堆問題。搭巴士到桃園機場時遇到車子故障，差點錯過班機；行李在機場超重要多收錢，身上卻只有美金，結果還要把美金換回台幣；抵達目的地後不知要住哪；為了規劃旅行計劃和旅伴吵架……但這些其實都好解決，最困擾我的是，每天晚上洗完澡要上床睡覺時，我常翻來覆去無法入眠，腦中浮現各種惱人思緒：「我無法乖乖當個上班族，怎麼連當個背包客也不稱職，我怎麼這麼失敗？為什麼我不把英文學好？今天又多花錢，之後沒錢該怎麼辦？我是不是不該這麼衝動離職，我會不會註定一輩子都這麼悲慘？」負面想法不斷在腦海裡翻騰，發現自己又陷入低潮，不想要這種感覺，但無法控制惡劣的情緒，同時還要強迫自己入眠。

旅行一陣子下來，我發現自己的情緒越來越容易受一些小事影響，因而感到沮喪或發脾氣，每次低潮的時間也越拉越長，無法擺脫負面情緒。我很害怕這種情緒，每次這種感覺一來，我幾乎都快被逼瘋！

一直到我去了越南下龍灣，那時是一個霧濛濛的清晨，我待在海邊，四周非常安靜，我看著剛睡醒的天空透出金黃色光芒，陽光的溫度蒸發霧水，眼前視野漸漸清晰明亮，看得見遙遠的另一方。這時，我突然意識到，原來自己一路上一直被負面情緒糾纏不已，產生了旅行恐慌症。

當時我想起一本書裡的話：「令人害怕的不是一個人的負面情緒，而是一個人無法接受自己有負面情緒。」

當人遇到壓力或挫折時，會先產生負面情緒，這是常見的正常反應。然而，許多人會放大腦中的負面情緒，因此，關鍵其實不在負面感受，把人推向憂鬱谷底的是，自己習慣性把腦中的煩憂與悔恨攪拌在一起。

我問自己：我要放任自己一直這樣害怕下去嗎？如果負面情緒是一種習慣，反之，正面情緒也是吧？

我開始培養勇敢，讓勇敢變成一種習慣。如果半夜找不到住宿地點時，我相信去敲每間旅舍的門，一定會有一家讓你住；如果語言無法溝通，那就比手劃腳；如果錢被偷，那就低聲下氣向家人或朋友借錢；如果沒朋友，那就主動去認識人。

我試著為每個困擾都找出一個解決方法，結果這些原本纏著我的問題就變得不再是問題，心情也變得輕鬆許多。

生活中的喜、怒、哀、樂皆是自然的情緒反應，越是抗拒，它就越像強力膠黏著你。因此，學會與負面情緒溝通，找出一種方法和它對話，去傾聽、去認識，也就懂得如何接納它了。

當正面的力量和想法持續累積，你就不會怕犯錯，不會怕挫折，勇敢也就會變成一種習慣！

我思故我在；我思故我旅；
我思故我憂；我思故我笑。

如何超越自己？

有位朋友即將要去旅行，他已經把所有該處理的事情都辦妥了，但是心中還是有股揮之不去、莫名的不安，問我該怎麼辦？

別害怕心中的不安，那正是一個人即將超越自己的信號燈。

以前的人開車都會害怕倒車時撞到東西，所以現在都會加裝感應器，幫助我們停車時能更確準無誤的停在車格內。而現在這位朋友心中這股不安如同感應器，能讓他得以順利停在自己人生的位子上。

「任何人都會感到絕望或是懷抱不安，唯有徹底正視自己才能將絕望或不安抹去。如此，人才能夠成為本來的自己。絕望也是掙扎著要活下去的證據。」齊克果這樣說。

丹麥哲學家齊克果臉上經常帶著憂鬱，適量的憂鬱是健康的，因為他認為很少有人心理沒有任何不安。人的生活中難免會遇到新的挑戰，因此活著本身便充滿了不安。一個人面臨人生的重要關卡，要進行新的嘗試時，總會感到不安。當然，不安的程度因人而異，但有不少人會因為不安而故步自封。

齊克果也說：「知道自己的極限後，人才能夠成為本來的自己，並且能夠靜下心地接受眼前的事態。」

人是有智慧的動物，不像其他生物，在碰到恐懼或是不安時只會產生害怕的反應，人不只會有恐懼的反應，更還會用運用智慧調整自己。因此，不安是健康的，甚至要為此感到開心，因為這表示自己正要邁入下一個人生階段，即將要超越過去的自己。

一個人無法避免不安，但可以選擇承擔。

人還有另一種不安，那是源自不願意承擔一切。

好比一個犯罪的人逃過了法律的制裁，若他還有良知的話，可能會懷著不安渡過一生，或許他心底會永遠想對受害者或受害者家屬真心說聲對不起。這一聲對不起，表示他願意承擔一切自己的過錯，如果他得到諒解，就能抹去心底的不安。

不安時，可以把心底的不安說出來，向別人或向自己說出自己愚笨的不安，即便最後沒有得到自己預期獲得的答案，至少心中也會多股踏實感。接著可以藉由行動帶來一些改變，這些改變會讓一個人超越那些好與不好的自己。

勇敢向別人說出不安，或許你要的答案，
就只是希望有人能傾聽你的不安。

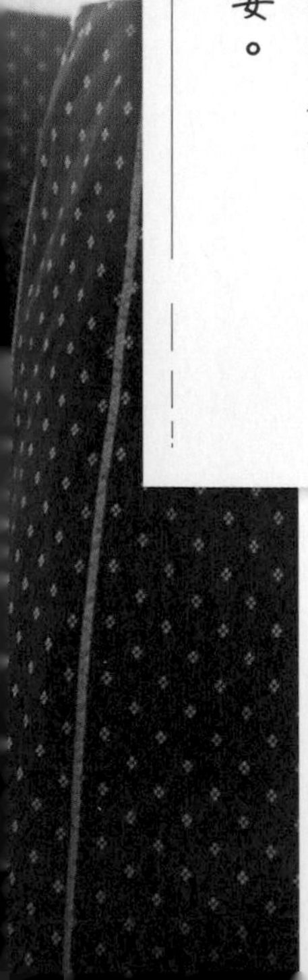

流浪的野性

我經常慫恿身旁朋友出走，喜歡看嘗試第一次出走的人懷著不安與恐懼，因為知道這些害怕最後都會變成他們生命的養分。

最近有位朋友剛從泰國旅行回來，當初她顧慮女生獨自旅行會危險，不曉得要注意哪些、該怎麼規劃。但嚮往放逐自我的她，最後還是決定利用一個月的時間遊走東南亞各國。我建議她，不如專心選一座城市待久一點，如果真不對味，再四處移動也行。她不喜歡過於繁華的都市，所以我沒有給她過多的建議，只推薦泰國清邁，因為有些旅人就像一匹狼，只想藉由移動找回流浪的野性。

不出所料，回國後，她很慶幸只待在泰國，光是清邁她就住了兩個星期，途中認識了如同家人般的朋友，開了眼，也開了心。發現路上和她個性一模一樣的狼不在少數，不小心就成了狼群之一；很多原本害怕的事，都變成現在茶餘飯後的笑話。流浪成為理所當然，她彷彿已經找回動物本性。

聽她聊著一群四川的大學生，說他們一路搭便車來到清邁，讓她覺得驚訝並且佩服；被陌生人假借教中文為理由搭訕後，才發現原來那人是一位當地人都認識的慣犯扒手。看她談論著自己的改變與看法，就像剛學會走路的小嬰兒，真想替她鼓掌，如果說旅行是為了讓我們從爬行到學會走路，一點也不為過。

家裡有養寵物的人都不希望把心愛的寶貝用鍊子或籠子困住，喜歡看著牠們自由奔跑。想一想我們自己呢？也許害怕、擔憂的思維，已經變成一條無形的鐵鍊，把我們囚禁在某個地方，才會裹足不前，一不小心自己就從動物變成寵物，把自己鎖起來一輩子。

如果不小心被鎖起來時，該怎麼辦？

被鎖住還不簡單，看是要拿鑰匙打開、拿石頭敲開、拿焊槍燒開，總之就是選一個適合的方法脫困。其實每個人遇到困難時，早已有解決的答案，只是不願意面對，可能是缺乏信心或勇氣，所以往往都會騙自己沒能力，因為轉身離去最省事、最不費力氣。

解鈴還需繫鈴人，花點時間整理思緒，找出自己害怕的癥結點在哪裡？找不到就請教朋友，找一個人吐露心事，或許答案就會在聊天過程中跑出來。有心理學家指出「自己才是最好的醫生」，自己才能開最好的處方箋給自己。

找到脫困的方法，接下來就是行動。

即便眼前有鑰匙、有石頭、有焊槍，還是有人會猶豫不決，花時間盤算何時才是最佳脫困時機，有時一等就是幾個月，甚至幾個年頭。我們可以從培養小小的勇氣開始改變。

想要大壯遊又不敢出走，先從完成小壯遊開始；

想要大事業又不敢出手，先從成就小事業開始；想要大夢想又不敢追求，先從實踐小夢想開始。

一點一滴的累積信心經驗值，等到能面對到最後一關的大魔王，才夠等級與它PK。

如果寶物掉了、被打倒了也沒關係，大不了重新練功！

我們最不缺的就是失敗與放棄，
最缺的就是嘗試與挑戰。

內向的人適合旅行嗎？

「害羞的人看見陌生人就緊張，不過這並不代表他害怕陌生人。這個害羞的人在戰場上可能勇敢如英雄，卻會在一些小事上缺乏自信，例如面對陌生人。」達爾文這麼說。

「用溫和的方法，就可以撼動世界。」甘地說。

「如果我能再次成為一個展望人生的年輕人，我不會選擇成為一個科學家、學者或是教師。我寧可去做一個水管工或是小販，盼望能在當前的環境裡，可以找到些許獨立自主的空間。」愛因斯坦如是說。

這幾位歷史名人改變了世界，他們並非天生外向活潑，反倒內向安靜，他們熱愛旅行，享受與自己獨處的時光，專注於眼前事物。

不是每一位旅人都善於用熱情的方式打招呼，有些人習慣用眼神、用害羞、用不知所措的表情來拉近彼此距離，這種內向的表現，帶給人的反而是一種安靜、沉穩的力量，說出來的話語更能進入他人心中。

我在旅途上結識了各國旅伴，有的聒噪，有的安靜。有些看似聒噪的人，其實很安靜；也有些看似安靜的人，其實很聒噪。我偏好與不同個性的人相處，喜歡觀察他們。結識和自己個性差異大的朋友，經常讓我感到興奮又刺激，雖然這樣時常會發生爭吵，但更可以藉此學會包容與尊重。

我自認是位內向旅人，曾經在中國成都許多便宜二手書店買了書後，就把自己關在旅舍裡頭，一待就是一個月，有時運氣好點會遇到幾位聊得來朋友，其他大部分時間都在和書本相處。我當然也喜歡和外向、主動的人做朋友，只是這種機會可遇不可求。我不喜歡參加瘋狂熱鬧的派對，不是因為孤僻，而是想和一群好友在安靜的地方天南地北的聊；我不喜歡過於主動的招呼，不是因為害羞，而是想等對方願意把心敞開時，再主動自我介紹；我不喜歡在人群中談論自己，不是因為自卑，而是更想要聽別人分享感動人的故事。

曾經有位看似害羞的朋友問我：「該如何在旅行路上認識陌生人？」也許他誤以為只有臉皮厚的人才敢和陌生人打交道。我遇見太多外表看似安靜害羞的外國朋友，反而只要點個頭或簡單寒暄一下，就能成為無話不談的朋友。

我們之所以害怕認識陌生人，是因為心中有太多恐懼，怕別人不理會自己、怕會冷場、怕會詞窮，這些障礙成為一道道阻隔人與人之間的牆。當我住在旅舍時，會把房客當成住在同個屋簷下的家人，因為是家人，所以就不會害怕與他們談話；當我在搭火車時，我會把乘客想成是跟自己搭乘同一輛車的朋友，因為是朋友，所以就不會害怕與他們聊天；當我迷路時，我會把路人當成是貴人，這樣就不會害怕向他們問路。

一個人既然可以給自己害怕的理由，也一定可以給自己相信的理由。

電影《少年Pi的奇幻漂流》敘述一位少年在海上與老虎共同生存，一同克服艱難困境。如果連老虎都能和人類共同相處，我們又何必畏懼人與人之間的相處？或許我們應該要試著給自己更多相信陌生事物與人的力量，而不是把自己關在害怕裡頭。

無論什麼樣性格的人都是適合旅行的，
重要的是要在路上找到自己，
喜歡上真正的自己，不要一味的想成為別人，
因為這樣只會討厭自己一輩子。

如何克服旅行前的憂慮

人類天生就是容易憂慮的動物，特別是當我們要離開熟悉的環境去一個陌生地方，腦中的憂慮從來就不會消失。出門時擔心趕不上飛機，搭上飛機後擔心墜機，下飛機後擔心迷路，只要有移動就會伴隨憂慮。

你我都熟知孔子曾離開魯國，帶著一批學生周遊列國，希望找個機會實行他的政治主張。可是，那個時候，大國都忙於爭霸，小國都面臨著被併吞的危險，整個社會正在歷經變革。據說孔子周遊列國前非常焦慮，而熟讀四書五經的他，曾用易經卜卦，替自己求了「旅」一字；他盡人事，聽天命，當時也正好五十出頭。

當然我不是鼓勵所有旅人有憂慮就跑去占卜、算塔羅，最重要的是要看清憂慮的因素，憂慮最可怕的地方就是不知道自己在害怕什麼。

我曾問過一位有數十年旅行經驗的朋友如何克服旅行憂慮，他說，自己直到現在每一次旅行前都會憂慮，只是程度上輕與重的差別。面對一些無傷大雅的小事他偶爾會選擇遺忘，因為這樣對自己的心靈健康比較好，如果凡事都要完美，早就死在半路上了。比如他有時忘記帶盥洗用具，就會在當地買；不小心錢掉了或被偷，就當做功德，轉個念告訴自己，說不定這些錢可以幫助小偷一家人填飽肚子。

這位朋友說老是提心吊膽無法解決任何問題，最好的方法就是把困難當做是難解的數學題目，帶入公式去解題，而這個解決憂慮的方式程有三個步驟，讓我們舉旅行為例子來說明：

第一步，不帶恐懼的去分析整個局勢，找出這個擔憂可能帶來的最糟狀況。拿旅行的例子來說，這個擔憂可能是擔心旅行回國後找不到工作、找不到人生方向。

第二步，了解可能發生的最壞狀況後，想辦法接受它。旅行回國後可能會因失業待在家而被別人笑；也許投了幾百封履歷都沒有消息，還需要靠家人金援才能生活。但只要願意面對一切最壞的狀況並接受它，即使接下來發生再多狀況都不怕，一個人只要能接受最壞的情況，哪還會害怕其他問題。

第三步，接受後，靜下心來從最壞的狀況之中尋求突破。只要你願意，回國後一定找得到工作，差別只在於薪水高低和喜歡、不喜歡。如果真的找不到，問問自己是否該降低高標準或去上技能培訓課程。這時最重要的心理建設是：失業並非自我能力不足，而是沒遇到適合的工作。找不到人生目標，說不定是嘗試得不夠多，只要多做一件以前沒做過的事，多交一位和自己不同想法的朋友，說不定就會有新的突破。

憂慮帶來的最大傷害是會擊垮我們集中思考的能力。一個人憂慮時容易胡思亂想，失去做決定的能力。紐約在遭受九一一恐怖攻擊後，當時的紐約市長朱利安尼說：「勇氣不是不恐懼，勇氣是雖然害怕，仍然做出正確的決定。」就是這句話讓他們熬過了困境。因此，試著正視最壞的狀況並接受它，讓自己集中注意力在解決問題上，而不是困在害怕的情緒中。只有面對當下才能解決問題，因為我們永遠無法回到過去或未來。

如果你有任何解決不了的煩惱，下次就試試這個方程式吧：

1、設想最壞的狀況。

2、欣然接受這個最壞的狀況。

3、想辦法改變最壞的狀況。

當你願意正視憂慮，問題已經解決一半了。

你現在是什麼人並不重要，重要的是接下來想成為什麼人。

趁年輕，趕快做點什麼，才不會錯過認識各種世界的可能。

認真做自己喜歡的事

☑ 別再錯過了

最近我接到一封來信，是一位剛從大學畢業的朋友，他說自己已經開始環島了，真替他感到開心。他找了好一陣子工作都沒有著落，卻不像大部分人待在家中苦惱，反而更勇敢的出走探索，真的很替他高興。仔細想想，我們人生一路走來，為了等待，到底錯過多少？

我也曾經失業一陣子，當時選擇待在家，沒有機會看清楚世界的真實模樣，直到旅行回來才發現台灣的美。

搭上旅程最後一班飛機，飛回台灣，準備要抵達機場時，我看見熟悉的街道，耳中聽見親切的中文，家鄉的溫暖整個湧上心頭。「我到底錯過了多少？」這句話出現在我腦海裡。頓時才發現台灣好美，雖然喧囂的街道、鋼筋水泥的大樓、臺北人忙碌的腳步都全部依舊，但我卻好想大叫，想大喊：雖然以前恨過，但現在開始懂得如何愛；好多的恨與壓抑，讓我錯過了好多美好的事物。

我自認對這塊寶島太陌生，談起旅行經驗，嚴格說，花在國外的時間比在台灣還多，這讓身為台灣人的我非常慚愧。曾遇到一個芬蘭朋友對我說：「你沒愛過自己熟悉的土地，又如何去愛別人陌生的土地？」當時很後悔沒有花時間好好在台灣旅行，以前總認為其他國家都比台灣美。不顧一切的旅行後，才體會到最美的地方就是培育出自己的土地，外面的世界再美、再好，也永遠無法取代自己的家鄉。

年輕人的旅行看似遊手好閒，但其實他們比任何人都努力做自己。

你不用急著擁有一張頭銜響亮的名片，就已經是一位貨真價實的冒險家。趁年輕開發自我價值的過程，比起一位老業務花許多時間去開發客戶、去賣一件高價產品，要來得更有挑戰，也更具有啟發。

很多事情不趁年輕精力旺盛時去做，等老了筋疲力盡時才做，會錯過許多改變的可能。

一個一無所有的人，才什麼包袱都沒有；一個沒有工作的人，才什麼工作都能做；一個單身出走的人，才能遇見另一個她(他)。

你現在是什麼人並不重要，重要的是接下來想成為什麼人。

趁年輕，做點什麼，
才不會錯過認識各種世界的可能。

客家車行
06

十年前的夢想

有一位十九歲的年輕朋友，已經夢想出去旅行好幾年了，他曾問我，環遊世界是不是我的夢想？沒有錢真的能環遊世界嗎？

世界上充滿許多夢想，夢想通常難以實現，但是可以有很多理想去實現。

這位年輕朋友把我的記憶拉回十年前，當時我才大一，是個毛頭小鬼，夢想是考上台、清、交研究所，想要靠學歷出人頭地，之後從商賺大錢，再利用閒暇時間四處環遊世界，讓旅行變成金錢的附屬品。這一連串仔細盤算過的計劃，最後卻變成出乎意料之外的結果——我只有大學畢業，沒有從商，身上只剩下餓不死的存款，唯一達標的只有旅行。

結果之所以會這樣，是因為有次看了電影《一路玩到掛》，我學電影主角開始把自己想要完成的夢想一項項寫下來，依重要性排名時，我發現自己怎麼排，旅行永遠是第一名。這時我問自己：辛苦二十年後，可以富遊；努力三年後，可以窮遊。兩者都可以完成旅行夢想，但唯一的風險是，是否能活到第二十一年？如果到時賺到錢卻提早歸西，我肯定會氣得從墳墓爬出來。

某次和一位來自以色列的大叔聊天，他熱愛旅行，去的國家不多，但卻已旅行好幾年，他和我分享了一個自己的真實故事。有次旅行途中，他在一個高級飯店遇到一位有錢人，他們在酒吧認識，當時他正在那裡打工賺外快。聊不到一個小時，有錢人就用感嘆的語氣說：「我拼了命賺錢，再花錢來高級飯店欣賞風景和住宿，而你卻不花一毛錢就來到這裡，還可以賺錢，跟我一起享受這個地方，其實，你才是最富有又聰明的人。」

以色列大叔告訴我：「富人和窮人在旅行時最大的差異是心態。在旅行途中，對富人而言其他人都是壞人，都是可能要搶他錢的人；對窮人而言所有人都是貴人，都是有可能會幫助他們的人。我可不想變成辛苦賺錢，結果卻是提心吊膽去旅行的富人。」

這個故事讓我想到大一時的夢想，也幸好自己沒有成為盲目的搶錢一族，寧願當一個開心自在的窮人，想去哪就去哪。這世界是公平的，不論富人或窮人，旅行時眼睛看到的風景是一樣的，鼻子吸進的空氣是一樣的，耳朵在街道上聽到的聲響是一樣的。

曾經有朋友問我是否因為窮遊無法花大錢吃美食而感到可惜。對我而言，花小錢吃當地人常吃的路邊美食就足夠了，並不會想跑大老遠花大錢，就只為吃一間為觀光客精心打造的餐廳，反正兩者都能讓我填飽肚子。

你問我環遊世界是不是我的夢想？

它曾經是，但實踐後，我才發現一般人能完成的事都不叫夢想，一般人達不到的事才叫夢想。世界上有許多激勵人心的故事，沒有什麼事是人無法完成的。

所以接下來你要把想完成的事改叫理想，因為夢想永遠只能在睡夢中想像，理想才可以在真實中實踐。

旅行讓人學會重新評估

生命中事物的優先順序及重要性。

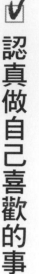

認真做自己喜歡的事

某天，我搭著巴士在午後的臺北街頭穿梭，還記得那天雨下很大，車上有位媽媽不斷在斥責兒子，剛好車上只有幾位零星乘客，整台車內的氣氛很詭異。也許是聽媽媽言之有理，因此小孩很聽話、乖巧的低頭接受訓話，最後媽媽說了這句話：「你為什麼不好好認真做點事？」

這讓我想起從小父母也常對我說同樣的話，這句話就像病毒一樣被植入腦中，我有如病毒帶原者，只要說錯話、做錯事都會讓父母感冒。曾自責為什麼別人可以我不行，也試圖想要用讀書或工作證明給家人看，卻總是徒勞無功，這也成為我默默離家旅行的原因之一。

在行經中國絲路的旅程中，我在敦煌火車站巧遇兩位七十多歲的台灣老夫妻，當時我正好要離開，而他們才剛抵達，所以只聊了短短十多分鐘左右。那時老先生說了一句讓我印象深刻的話：「趁年輕，認真做自己喜歡的事，是一件很幸福的事！我活了大半輩子，到六十多歲才知道我過去都在強逼自己做不喜歡的事，到七十歲才能出來走走。以後那些教你怎麼成功的人或書，只要參考參考就好了。」

當下我問自己：我有認真在做自己喜歡的事嗎？我有認真在旅行嗎？

現在我也常問自己：每個人都可以去認真做一件自己喜歡的事，但當這件事不被外界認同時，我還有勇氣相信自己嗎？

全球景氣不好，我們又待在保守的亞洲文化裡頭，旅行這件事經常會被冠上許多莫須有罪名。要去長期旅行的人會被當成犯人般審問：為何不努力工作？為何不照顧家裡？回國後能做什麼？為何不負責任？

年輕人要做的事不是跟別人爭個答案，逞口舌之快。你要先接受你出身在一個保守社會的事實，要在這樣的地方做不一樣的事，就要接受不一樣的挑戰，要學會面對輿論壓力，把這些壓力當成挑戰。

朋友問我：「為何要旅行？」我回他：「我喜歡挑戰！因為當背包客很有挑戰性。」

既然挑戰完旅行，接下來，我想挑戰這個保守社會，讓大家認識旅行。但我並非盲目地一味鼓勵年輕人出走，而是要讓大家知道，旅行可以是一件很認真的事。當你認真去旅行，可以認識自己，接著就會知道如何認真做下一件喜歡的事。

我一直認為台灣是個很有趣的社會，因為到處都充滿挑戰。我很開心自己生在台灣，正是因為我們英文差、文化保守，所以當你敢正式接受這些挑戰，你就能一點一滴獲得原先沒有的勇氣。如果是來自第二外語極好、文化開放國家的背包客，就無法挑戰這些問題，或許也就少了更多獲得不同勇氣的機會。

請認真去做自己喜歡的事，同時也要時時刻刻接受挑戰。

如果有天你成為父母，不要再用質疑的口氣對小孩說：「你為什麼不好好認真做點事？」請告訴他：「你可以好好認真做點你喜歡的事！」當小孩懂得如何認真愛自己，也會更懂如何認真愛父母。

願意接受挑戰，才懂得如何負責。

☑背包課

現代人最大的文明病是，只願意向成功的人士學習，人們一窩蜂被主流媒體引導，每天吸收的資訊都是哪個人創業成功、哪個人又如何理財賺了多少錢，但我們是否有察覺到，我們只注意到向這群所謂成功的人看齊，而忽略了向小孩學習的可能性？

「背包客」這個名詞在台灣算是近十年才流行起來的，在許多父母的認知中，背包客似乎只是背著包包無所事事、四處浪蕩，和乖乖坐在教室裡學習比較，自助旅行稱不上是學習，反而像是遊手好閒，而且其中還夾帶著未知的風險。因此，大部分父母寧願花幾百萬供小孩去國外讀書學習，這樣至少他還能安全拿張學歷回來。如果要父母在不知道自己孩子能不能平安回國的前提下，提供幾十萬讓孩子四處旅行，這大概比登天還難。

我從來都沒有想要去幫背包客爭口氣的想法，因為這是大環境的問題。不可否認，每個社會都有一種主流的學習方式，沒有人喜歡當異類。就像以前學生時代，身旁大部分同學都在補習，但當被問到為何要補習時，或許大家都會無奈的回答，因為身旁的人都在補習，所以我似乎也該補習。但當我們把自己關在補習班時，同年紀的歐美年輕人可能已經去了好幾個未知的國度旅行，正在努力探索人生。

旅行或許是一種非主流的學習，但一群非主流團結在一起，總有一天會成為主流。

旅行的重點不是為了炫耀自己去過多少地方，而是回到自己的土地後能做多少事。無論是去了富有或是貧窮的國家，我們都應該帶某個新觀念回來，回到家鄉後，除了要讓自己三餐飽足之外，也要付出點什麼，讓自己的家園變得更好。

如果你還年輕，試著自助旅行一次，帶著某個感動回家，開始做點改變，說不定你的父母會開始慢慢向你學習，不再排斥自助旅行，然後或許某天，他們可能會成為花甲背包客……

愛旅行的小孩不會變壞，

也不會變乖，但會變得更懂事。

要有錢？還是值錢？

常有人問我：「我很想出去旅行，但是沒錢該怎麼辦？」

我想先說一個小故事。

有一次朋友問我：「一百元和一千萬元能買到一樣的東西嗎？」我的反應是：「當然不一樣！」他問：「哪裡不一樣？」我理直氣壯的說：「一百元可以買到一棟房子嗎？你別傻了。」

朋友淡定的說，就是這句「你別傻了」框住許多人的思維。一百元何止可以買到一棟房子，還可以買到好幾棟房子。我被他這段言論吸引，接著他舉了一個例子：

「錢有多少不重要，重要的是你給了誰用？那個人又如何去用？假設你給富人一百元和給窮人一千萬元，數目雖看似不同，但價值其實是一樣的。因為富人會想盡一切辦法用一百元去賺到一棟房子，當然他們需要時間，但不管一百元或一千萬元都可以讓他買到一棟房子。失敗的人只會滿腦子想賺一千萬元，卻沒有行動，不斷抱怨身上只剩一百元；成功的人會想盡辦法用一百元賺到一千萬元，根本沒時間抱怨。」

也許，我們不是沒錢，只是沒有足夠的時間，沒有足夠的嘗試，沒有足夠的信心。這個世界上已經有人可以不花一毛錢就能環遊世界，你還有什麼好擔心的？

沒有不可能的旅行，只有不好的想法。
只要方法對了，一百元也能買下一個宇宙。

我們憑什麼旅行？

有一次我到某私立科大分享旅行故事，台下聽眾全都是一年級新生，我一進教室就看到班上四分之一的同學在打牌，讓我有股莫名的熟悉感，因為我也曾生活在相同的求學環境。我一直以為談旅行可能會讓學生感興趣，結果終究還是有四分之一的人在夢周公。最後我發世界地圖給他們規劃自己的夢想旅行時，看見許多人遲遲不肯動手，只是看著地圖發呆，那時我不禁心想：為什麼一個人竟然會連旅行都不感興趣？分享結束後，一位害羞的同學跑來問我這個問題：我是一個不被社會看好的人，憑什麼去旅行？

旅行對一位剛辛苦考上大學的新生而言重要嗎？的確，旅行無法使考卷上的分數變高，也無法讓口袋裡的零用錢變多，同樣的立場換作是我，大概也不會喜歡旅行，甚至還會覺得這是一種很奢侈的行為。那換個身分來說，旅行對一位剛辛苦找到工作的新鮮人而言重要嗎？也的確，旅行無法增加工作效率、提高薪水，而且如果社會新鮮人才剛開始工作不久就拋下工作四處去旅行，可能還會被旁人認為太閒，更慘一點甚至還可能會被說是爛草莓，被質疑為何不好好存錢。

在台灣，假設有一位學生想利用暑假徒步環島，當他提起勇氣告訴父母時，可能會換來這樣的反對聲音：「你為何不打工賺錢培養工作經驗？」、「明明有交通工具可以搭你為何不搭？」、「出國跟團走走比較能看到東西吧？」期盼一個孩子去做一件不被家人認同的事，他又怎麼會有興趣？也許那孩子的家人本身就對旅行興趣缺缺，只想利用時間睡場大頭覺，或是選擇做點其他「更有意義的事」。

簡單來說，台灣社會還不習慣接受「思維過於跳動」的人，因為他們提出的想法，其中通常包含了太多的不可測因素，只要風險太大，就容易被他人否決、排斥。並不是每個人都樂於接受改變，尤其長輩通常都還是喜歡乖巧聽話的晚輩。但碰巧我身邊喜歡旅行的朋友都屬於這種「思維過於跳動」類型的人，他們不想待在一個熟悉的環境太久，不想讓自己過著一成不變的日子，不想讓自己的思維被框住。偏偏排斥改變的人又是目前社會的「執政黨」，熱愛改變的旅人如同「在野黨」，兩黨經常產生對立。

所以，當一個人對旅行不感興趣，可能意味著他身處的社會對旅行不感興趣。

一個不被社會看好的人，憑什麼去旅行？但是相反的，一個被社會看好的人，又憑什麼去旅行？他們可能忙於賺錢，被社會賦予許多期待，不知不覺被金錢困住。當然，重點不在於社會怎麼看你，而是你是否看好自己？旅行憑的絕不是好學歷、有錢或有地位，憑的是勇敢、堅持，以及不輕易說放棄。

正因為自己不被所處的社會看好，才更要走出去，去尋找願意看好你的世界。你可能會不小心發現，原本自己不被看好的某個想法，在其他國家卻是大受歡迎；也有可能跑了全世界，才發現自己的想法錯了，但也沒關係，之後再修正腳步前進就好了。

當我住在西班牙巴塞隆納的青年旅舍時，發現有很多二十出頭的歐洲年輕人也都對人生懷抱許多困惑，但他們選擇出去找答案，因為人生的答案不會放在家中；他們把害怕當成挑戰，如果害怕世界，就進到世界摸索。有位才十八歲的芬蘭朋友告訴我：「正視你最恐懼的問題，才越有機會超越自己。」

其實每個人都樂於給自己機會，不同的是有人是想在職場求穩定機會，有人想重回校園求創新機會，有人想藉由旅行求挑戰機會。方法雖然不同，但是信念都是一樣的，那就是「想要變得更好」。旅行並非一條通往成功的捷徑，它只是一個機會和跳板，讓明天的你變得和今天不一樣。

你可以不旅行，但不能停止學習的腳步。

旅行就像革命，回國後不代表革命結束，每一段舊旅程的結束，都是醞釀下一段新旅程的開始。

旅行結束後，才是真正的開始

人生履歷

有位畢業後出國打工渡假一年的朋友，憂心忡忡地說自己找工作一直碰壁，原因是面試主管知道他曾出國打工渡假一年，覺得他是一位只顧玩樂的七年級生，未來在職場上很容易逃避問題或者是定不下來，還說他以後說不定還會再離職旅行。煩惱的他，對於找工作感到沮喪、茫然，問我該怎麼辦？

其實，面試主管否定的是打工渡假，並非這個人，我想他既然已經旅行完回來，就多和主管說故事吧！

在台灣，許多人對旅行這件事，一直抱持著質疑的態度，因為他們將旅行和玩樂劃上等號。我們在求學期間有畢業旅行，出社會工作後有員工旅遊，生活中有和朋友、家人的小旅行，這些都是為了要慰勞辛苦的自己，想要單純從玩樂中得到放鬆。社會的普遍認知是，愛玩樂的人就是不懂事、不成熟，甚至在男女感情中，也可能會認為一個只懂玩樂的人，怎麼可能會有肩膀，怎麼可能會定下來。

但一個不懂玩樂的人，又如何玩出自己的人生？

如果電影人不玩電影，又如何拍出感人電影？音樂人不玩音樂，又如何作出動人歌曲？平凡人不玩人生，又如何感動自己？

玩自己喜歡的事才不會怕，回想從小我們在玩水時，哪會怕溺水；玩玩具時，哪會怕有毒；玩腳踏車時，哪會怕摔倒。

長大之後可以玩樂，但不能過度放縱。兩者之間取得平衡的關鍵在於要「節制」而非「限制」，節制就是適可而止、有紀律和懂得自我控制；限制是不斷壓抑自己。

我曾經打算在結束旅行後繼續去澳洲或日本打工渡假，幻想一直旅行下去，但有位義大利友人告訴我：「旅行就像嗎啡容易上癮，不能一直沉迷在旅行中，要學會適可而止！」當下我認真思考旅行回國後的計劃，知道以後不能再這樣放縱自己說走就走，該是好好認真做點什麼的時候了。因此回到台灣後，我決定策劃旅行攝影展，之後接著專心投入工作，慢慢學會了節制自己的想法，知道何時該做何事。

我找工作面試時，也曾被質疑會逃避問題或是穩定性不夠，當時我這樣回答：「旅行前，我和您有一樣的看法，但親自體驗旅行後有了不一樣的想法，您是否願意聽聽我的旅行故事？」每當我這麼說，很多面試的主管會好奇的問我旅行路途上的遭遇，反而忘了問我實際的工作經驗。我曾經面試一個小時，其中有五十分鐘都是在聊旅行故事。

你的旅行經驗絕對會幫人生履歷加分，只要你懂得如何說故事。因為沒有人不喜歡聽有趣的故事。

面試就好比相親，你喜歡人家，人家不一定要你；你不喜歡人家，人家又偏偏要你。不同的失敗經驗，會讓你更清楚知道自己想要什麼樣的另一半。你要找最適合你的，而不是最愛你的。

如果你真的害怕面試，那就換個角度思考：「是你要去面試主管，不是主管要面試你！」

旅行不是為了逃避工作，
而是要找尋更適合自己的工作。

學會付出

有位朋友一直以來都忙於工作，前陣子終於抽出時間自助旅行，回來後發現工作崗位上的責任如排山倒海捲來，突然覺得累得不知該如何走下去，但他的朋友卻都口徑一致，告訴他這只是休假症候群……他在心情上想對工作負責任，卻又沉浸在旅行回憶的喜悅之中難以自拔，這使得他陷入了一種無所適從的感覺。

也許，這位朋友該先問自己：旅行的目的是收獲還是付出？

尼采《人性的，太人性的》書裡有一段話：

「不快樂的原因之一，就是感受不到自己的存在價值，自己所做的事沒能幫助到別人。所以有很多老人成天鬱鬱寡歡，也有很多正值青春的年輕人活得不快樂，因為他們覺得自己很沒用，無法對社會有所貢獻。因此，想要活得快樂就是幫助別人，樂於付出，才能感受到自己存在的意義，享受最純粹的喜悅。」

我曾經以為旅行就是去世界各地看美景、吃美食，直到我旅行半年後，才發現這種方式讓我感到疲倦，甚至對世界不感興趣，我甚至還一度懷疑自己是否生病了。直到我去了印度當志工，無條件為他人付出後，這個心病不治而癒。

原來，旅行和工作一樣，真正的收獲是源自真心的付出。

如果工作的付出能讓你感受到幫助別人，你會愛上工作；反之，旅行也是。此時你可能就不會猶豫著要如何在工作和旅行之間做抉擇，因為兩者對你一樣重要。就像好比有人問：「父母重要還是愛人重要？」實際上，兩方都一樣重要，一個人缺了任何一方都無法獲得完整的喜悅。

生活中的工作和旅行，如同身體的雙手，較有力的右手可能是工作，而左手就是旅行。要扛起重物，終究還是需要雙手的力量才能完成。

如果我現在問你：「左右手哪隻重要？」你想必會說：「一樣重要。」一個人不會笨到覺得右手比較重要而砍了左手吧？

或許是因為這位朋友還沒找到心中的平衡點，所以才會滿懷焦慮的心情在兩者之間擺盪。可以的話找個時間靜下心，跟自己聊聊天，謝謝這一路走來的自己，問自己過得好嗎？想想自己有什麼話想要對自己說？

要幫助別人，先從幫助自己開始吧！

我們都怕在工作與旅行之中做出選擇，
但真正令人恐懼的是，
做出選擇後是否有勇氣承擔一切。

旅行回國後工作好找嗎？

我最近看到一本寫給父母的書，裡頭寫著：「父母必須不同於以往，以顧及身心健康與平衡的方式來教育孩子，而不是只把焦點偏重在未來的工作市場……這需要很大的勇氣與決心進行改變。」

這段話讓我想起之前在高雄文藻外語學院的分享會，當時看到一對父母帶著兒子在台下聆聽，我非常開心。但分享會結束後媽媽跑來問我的竟然是：「旅行回國後工作好找嗎？」我半喜半憂，喜的是父母很在乎小孩的旅行，憂的是他們更在乎小孩旅行完後的錢途。

我問過許多長期旅行後回國工作的朋友，到底旅行帶給他們什麼改變，得到的答案幾乎是「更願意專心投入在職場上」。出國前他們可能會抱怨各種事物，回國後慢慢能接受自己所處的社會，即使環境再混亂、工作條件再差都能接受，接受之後會試著做出改變，如果改變不了環境，就先改變自己。這就是旅行有趣的地方，先出去讓世界改變你，接著你改變世界。

不過，有時候，是出走選擇你，不是你選擇出走。

台灣有位設計師在美國 Gen Art 國際服裝大賽獲獎，他曾放棄高中選擇高職就讀，媽媽也尊重他的選擇，叫他要勇敢走下去，告訴他人言並不可畏。他的家境並不優渥，當時在高雄樹德科大求學的他說：「偏僻地方還是有很好的資源，年輕師長很願意分享所得所學。有時我看到別人坐擁資源卻不懂運用，偶爾人性中不滿的情緒會隱隱抽痛，但又會立刻斬斷負面思考，停止抱怨。」他會有現在的格局其實是不得已的選擇，因為在台灣的設計環境，案主或多或少會希望設計師「抄襲」市場上暢銷的作品，讓他痛苦不已。

直到二〇〇七年他參加香港時裝週時才發現，被國內廠商認為太過誇張的單品，在日本卻有買家願意用三倍的價錢購買，一瞬間，他才看見世界何其大。「我只要做自己、有創意，就能生存」，他難掩激動地說要往國際舞台走。於是他在家人不太贊同的情況下，堅持前往英國，攻讀倫敦中央聖馬汀學院服裝設計碩士課程。

他拼命把自己丟向國際舞台，他說：「我不要形容詞，好或差太主觀。我要有個鐵錚錚的標準驗證實力，尤其對學歷不漂亮的人來說更需要這些。」為了參加國際競賽，他努力克服英文不好的問題。沒錢補習的他，最瘋狂時曾經同時參加三個英文讀書會，大量閱讀英文設計類雜誌與評論，掌握第一手的設計訊息。

他的故事告訴我們，不論別人怎麼折磨你、詆毀你，如果你真的認真思考過、分析過，不論周圍的人是否對你有信心，你都要對自己更有信心。這個設計師的名字叫「古又文」。

一個人的旅行可能無法獲得家人及全世界的人認同，但千萬別失去做自己的勇氣，因為沒有人比自己更在乎自己。

施行也許無法讓口袋變深，卻可以讓心胸更廣。

如何面對一成不變的事物

有個朋友跟我分享了他的旅行故事。大學畢業後，這位朋友利用暑假去柬埔寨當一個半月的志工，在那裡他發現貧富差距、教育等社會問題，想幫助他們，但發現自己無能為力。之後他帶著滿腔的熱血回台灣，但家人在他返國的第一天就問：「你什麼時候要開始找工作？你去柬埔寨對未來工作有加分嗎？」他很生氣，因為父母關心的不是他旅行的感動，而是拿金錢來衡量這趟旅行的價值，他覺得自己彷彿被潑了一桶冷水。

這趟旅行讓他發現到原來自己喜歡國際環境、喜歡人、變化、創新，不喜歡一成不變的事情，不喜歡被框住。他很驚訝地發現，自己非常習慣身處國外變化的環境，還有一路上跟不同人互動的過程。結果他回到台灣後完全不能適應，花了一個多月的時間沉澱自己。但是他的心卻還是一直飄向國外，總是想要再出走，家人卻認為他在浪費時間，頻頻詢問他為何不找工作。

旅行最大的挑戰並不是出發或過程，而是結束後要怎麼面對眼前一成不變的人、事、物。

過去的我因為不喜歡而逃避，現在的我因為不喜歡而挑戰。

這位朋友比我勇敢許多，因為剛畢業退伍後的我整整失業一年。我當時不想選一份沒興趣的工作，用一堆合理化的藉口說服自己別在乎世俗眼光，生活過得很任性，但家人卻不信任我。最後我只好把自己關在房間，或一大早就出門，為的就是刻意迴避家人。也曾為了尊嚴，沒錢吃飯寧願向朋友借，也不願伸手和家人拿。但這樣子，似乎沒有讓我更順利找到人生目標，反而更恐慌。最後逼不得已找了一份傳統產業的業務工作，做了一年三個月後就離家出走旅行去。

老實說，我原本以為瘋狂旅行一年後會找到明確的人生方向，好笑的是根本沒有，最後竟然還跑回傳統產業當業務，但那時我的心態已轉化成「我要挑戰框框、挑戰如何讓自己安定」，不再為改變而改變，而是為自己而改變。

我想這位朋友和他父母共同的敵人是工作，並非彼此。

父母的質疑，絕對不是為了要打擊他，而是一種關心的表現方式。也有可能是因為他無法說服父母，才令自己更加生氣難過。但是未來出社會後一樣會被質疑，總不能每次遇到理念不合的人都用生氣來處理。他可以思考如何正面回應父母的過度關心，先花點時間上網看看有哪些職缺。我想他可能找不到合適的，建議他此時可以轉身問問父母：「我已經開始找工作，但卻找不到適合的職缺，你們可以給我些意見嗎？你們覺得旅行有可能幫工作加分嗎？」把自己眼前的敵人化為盟友，請教父母自己該怎麼做，讓全家人共同幫助自己解決問題。有時眼前最可怕的敵人，反而是最了解自己、最能幫助自己的人。

工作和旅行一樣，不上路就永遠抵達不了目的地。

也許他現在選擇一份無聊工作，沒有國際環境、沒有變化、創新，但這不代表學不到東西。假設一個人到了國際環境，每天都要面對不斷的變化，也很有可能會受不了這種高壓力狀態。最重要的還是要親身去體驗過才行，世界上沒有最好的職缺，只有適合與否的問題。

一個人如果想要解決人生職涯的問題，終究還是要進到職涯裡頭處理它。如同害怕游泳的人，要學會游泳、克服障礙，還是要先跳進水裡練習。

我們都急於改變世界，卻一直不想改變自己。

☑ 結束後，才是真正的開始

一個人要維持身體健康，就必需有持續的新陳代謝，藉由運動、飲食方式等讓身體的新陳代謝順暢。但如果要維持靈魂健康，該怎麼辦？

那就去旅行，但旅行結束後呢？我看過許多旅行者投入所有積蓄，勇敢出國追夢，回台灣後卻無法適應生活，其中原因不乏人際關係變化、價值觀念或生活品質的落差。要不是因為旅費不足，或是因為年紀關係必須成家立業，我想絕大部分的旅行者都會選擇一直出走。而沒錢、年紀又老大不小，卻無法忘懷旅行的人，只能心不甘情不願留在台灣，過著混身不對勁的鬱悶日子，靈魂逐漸變得不健康。

某次我在高雄一所學校演講結束，正準備離開趕高鐵，被一位陌生人K攔下，我問他有什麼可以幫忙的？他搖搖頭，說只想交個朋友，還熱心的騎車載我到高鐵站搭車。

一聊之下，才知道K曾經到過澳洲打工渡假，聽了他分享的旅行故事，讓我十分敬佩。

K曾經是位商業攝影師，為了追求夢想，離職重考，因為非常喜愛小動物，他決心要當獸醫，但是考試失利，後來選擇出走，這趟旅行徹底改變了他。回國後他沒有再從事攝影工作，反而以二十八歲資深考生身分再次進入補習班，但他最後還是沒考上獸醫，選了其他醫科。K聊著目前的求學環境，說身旁都是帶著稚氣的年輕同學，很難聊得來，覺得自己旅行回國後的熱血都快熄滅了。

K不諱言的說，碰巧看到有這場演講活動，想來聽聽我到底有多少料。我幽默的問：「這料還滿意嗎？」

他詼諧的回說：「如果不滿意的話，也不會主動和你交朋友了。」

「過去旅行時的熱情又被點燃了。」K激動說著。

這故事不是單獨的個案，我曾遇到不少旅行者回台灣後，抱持著想要做點什麼的衝動，卻少了伙伴，少了點分享，少了點相知相惜，最後似乎都被打回成旅行前的原形。難道回來後真的只能這樣嗎？我倒有別的看法。

回國後其實可以主動參加旅人分享會與旅人社團。因為大家都旅行過，對於旅行有一定程度的了解，可能遭遇過相同的困難，可能認識同一個外國人，可能到過同樣的地方，可以藉由旅行的點滴串起原本陌生的彼此。

園藝學中有種繁殖方法叫「嫁接」，就是將植物體的一部分固定在另外一個植物體上，使其組織相互癒合，培養為同一個獨立個體。這種方式可以讓果實更健康、甚至可以修復受損的苗木。一群志同道合的人相聚在一起就像嫁接，會培育出更多的想法，可以一起做點什麼，激發出新的火花。

我曾在中國新疆喀什老城遇見兩位台灣人，不久後，這兩人隨即回台灣合開咖啡店。網路上也有一群到世界各地旅行的朋友合出了一本書，也有幾位旅人朋友在台灣合夥開民宿。

回台灣後，找對的人，找對的目標，做對的事，定期聚會，讓旅行的力量延續下去，接著一起改變點什麼！

每一段舊旅程的結束，

都是醞釀下一段新旅程的開始。

如果你正在旅行路上或即將要去旅行，請記得一定要在外面
找到一條非常重要的路，它就叫「回家的路」。

給自己留在這塊土地的理由

給自己留在這塊土地的理由

回國後，我有機會四處演講，演講中提到，當年在羅馬曾經有位友人邀我留下來，在羅馬久居學作菜，但最後我拒絕了。一位朋友問我：「為何當初你不選擇留在羅馬？這可是許多人夢寐以求的機會！」

那是因為我已經為自己找到留在這塊土地的理由。

對每個人來說，留在一座城市都有自己獨特的理由，有的人是因為有前途的工作，有的人因為美好的愛情，有的人是因為喜歡這座城市的風情……留在現在這座城市，你的理由是什麼呢？

我留在這塊土地的理由有兩個，第一是氣候，第二是想為台灣帶來一些改變。

當初我在羅馬遇見一位台灣友人，他問我願不願意待在羅馬學做菜，要待的話就要有待十年以上的決心。聽到這個數字，我問自己，可以離開家鄉這麼久嗎？做菜又真的是我想要的嗎？自己到底想要追求什麼？一連串的問題接踵而來。

最後，我花了將近快一個月的時間才做出「不要」的決定。理由很簡單，因為我受不了歐洲寒冷的冬天。

我待在歐洲時是十一月到隔年的一月，這三個月足足讓我凍未條（台語）。我深深體悟到自己極度怕冷，最糟糕的是連情緒也會被影響；我又聽說歐洲近幾年來天氣異常，夏天不時也會有熱浪來襲，氣候這個理由讓我選擇回到家鄉。

我也曾經思考若留在羅馬，如果真的學藝成功，終究要回台灣，之後大概就是到別人的餐廳工作或是自己開餐廳，這意味著在台灣又要從頭來過，最終似乎也無法為台灣帶來什麼改變。

我從來就不覺得自己是個厲害的人，也不是要當救世主，只是覺得可以做點什麼，把台灣變得更有趣。也許這和我天生小丑性格有關，不習慣看著身旁的人板著一張撲克臉，臉上毫無表情。

回台灣第一天，我就決定著手要帶來改變，但我深知自己無法改變他人或環境，只能影響他們，於是我決定第一步就是先改變自己。我試著回想心中一直很想完成、但又沒勇氣去做的事，洋洋灑灑列出一張年度實踐清單，內容包含辦攝影展、出書、學做菜、畫畫等等，雖然每年想要實踐的事不斷增加，完成的也只有幾項，但只要看到今年的我和去年的我不一樣，就感到心滿意足。

當一個人努力試著去改變自己時，漸漸的，他會開始對他人產生影響。許多朋友聽了我的分享後，因此開始著手列出自己的實踐清單，有人因此買了機票出國去，有人因此更愛台灣……每當看見有越來越多人願意改變和行動，就真的好想謝謝他們，因為我也從他們身上得到許多動力，讓我更有信心持續書寫，鼓勵更多年輕人飛出去，把更多感人的旅行故事帶回來。

我選擇繼續生活在這裡，是因為已經找到足夠的理由留在這塊土地。如果你還沒找到留下來的理由，有機會就走出去看看，問自己該待在什麼樣的城市。當你找到理由時，會心甘情願接受那些不好的事，然後努力讓自己的城市變得更好。

尼采說：「一個人知道自己為了什麼而活，他就能夠忍受任何一種生活。」

練習簡單

一次舉辦座談會時，一位參加活動的朋友問我：「你旅行完後回台灣有變得比較快樂嗎？」

當下，我想到了這句話：「你要多練習簡單！」

這是我在中國香格里拉旅行時遇到一位喇嘛提醒我的一句話。

香格里拉隸屬迪慶藏族自治州，要前往的話必需行經滇藏公路，這條公路也是雲南前往西藏的重要道路，以危險聞名，是台灣作者謝旺霖《轉山》書中提到的行進路線。我沒有作者騎自行車的戰鬥力，因此只好坐巴士前往此地。當天我隔壁坐了一位喇嘛，那天我有點疲倦，沒有什麼心情理會他，誰曉得，他突然在我半睡半醒間和我說了這句：「你要多練習簡單！」我笑笑回應他，其實心底很想說：

你才要多練習安靜！他看到我「友善」的回應，彷彿好幾年沒人陪他聊天似的開始和我分享他的人生哲學。

他問：「人要如何快樂？」

我回：「享受當下。」

他說：「你說對了一半，應該是學會練習享受當下！」

他還要我小心別把享受與享樂混為一談，享受是向內，享樂是向外。他舉了一個例子：

「如果『享受』與『享樂』是兩個人，當他們眼前出現一大片蛋糕田，兩個人的反應如下：

享受只會拿自己可以吃完的份量，即使眼前有很多吃不到的蛋糕，他也不會感到傷心或空虛，因為他瞭解知足才會常樂，他往心裡找快樂。

享樂會一直吃，剛吃完第一片巧克力蛋糕他會很開心，但他想要再多吃幾塊時，就開始變得不開心，因為他拼命想把眼前的蛋糕吃完，但怎麼吃就是吃不完。這種快樂很短暫，尤其當他吃膩後，接著就可能會再尋求其他口味的蛋糕。當他無法滿足口腹之慾，就會漸漸感到空虛。他越拼命往外找快樂，就越感空虛，他要的快樂就像空氣一樣，很重要，但抓不到。」

我問：「所以該如何練習享受當下？」

他說：「試著去追求簡單。」

他看我一臉困惑，又舉了第二個例子。

「你現在去香格里拉，也許是聽聞這裡很漂亮，但如果當你抵達後，發現沒有預期的美麗，你可能就會失落，甚至會生氣，因為花了時間大老遠跋涉到一個沒傳聞中美麗的地方。這就是很多旅行者會犯的錯，對他們而言，追求美景就和享樂沒兩樣。你該試著讓這趟旅程簡單，不要去想那裡多美，只要去感受這裡空氣中的溫度、樹林的味道、大自然的聲音，去追求最簡單的東西，把自己回歸到簡單，當你學會簡單地去感受一切時，快樂就會自己找上門了。」

在短短不到一個小時的車程，他幫我上了一堂寶貴的人生課。我回台灣辦分享會時，曾經有個朋友問我：「你旅行完後回台灣變得比較快樂嗎？」那時我回說：「我也不太清楚，我只知道台灣很複雜，所以必須不斷練習簡單。好比你不管開什麼樣的車，最終都是為了移動這個簡單的目的；不管吃什麼樣的食物，都是為了要獲得飽足；住什麼樣的房子，都是要個簡單的安全感。我很努力在學習讓我的慾望變得更簡單！」

旅行是享受還是享樂，
取決於你要簡單還是要複雜。

www.e-gulmaek.co

記得回家

一位友人年近三十歲，每次只要他太晚回家，家人就會打電話來關心，叫他早點回家，不要太晚回去。電話這頭聽得心煩，那頭說得嘮叨，但我這局外人看了覺得窩心。我曾經是個不記得怎麼回家的人，因為心中根本沒有家。

離家出走旅行半年後，我在中國成都的青年旅舍遇到一群來自中國四面八方的朋友，難得有機會和一群語言相同的旅伴聚在一起談心。四處移動的旅人，在認識新朋友的那刻，就知道必定會離別，似乎不大會完全交心，就怕眷戀這段友情會導致感傷。

一位西安朋友，知道我出來旅行許久，就用濃厚的北方腔問：「啥時回家？」

我說：「不知道。」

他加重語氣說：「你要學會如何回家！」接著他開始和我說他自己的故事。他曾經獨自旅行六年，因為父母親常常吵架，所以不喜歡待在家裡。早把世界當做家，在外幾年後，認識許多朋友，看到他們一個個回到自己家鄉，努力打拼工作，結婚生子。某天他問自己：如果一個家，留不住任何人，也沒有父母和小孩，這還算家嗎？

後來一直住在外地的他，偶爾會抽空去看已分居的父母，心中並沒有因為父母的失敗婚姻而害怕，最後也結婚生子。

他要離開那天，用一種父親的口吻對我說：「無論你在外面多久，都要努力找一條回家的路。」

我當場眼淚差點蹦出來，這段話、這故事，有如當頭棒喝，把我埋藏在心中的祕密，瞬間全部挖了出來。原來旅行只是被我拿來當做逃避的手段，逃避面對自己單親家庭的痛。我曾怨恨過父母，羨慕為何別人有正常的家庭，怨恨為何父母要互相交惡。我甚至懷疑自己因為家中沒有母親，所以不懂得如何被愛，也無法愛人。每每談戀愛分手後，對方總說：「你根本不懂愛人。」心也早已痛到了無知覺，因為我根本沒被人好好愛過。一年的旅途中，也不敢認真愛一個人。

原本以為只有透過不斷的旅行才能滿足我，打算在外待上三、四年，卻只待了一年。我意識到，知道回家這件事，是自己最害怕又最需要的，如果不懂得回家、愛父母，就算到了全世界最美的城市，心中還是沒有家的溫暖，同樣會有身處廢墟的孤寂感。

如果你正在旅行路上或即將要去旅行，請記得一定要在外面找到一條非常重要的路，它就叫「回家的路」。

離別，是為了下次的團聚。

☑最後什麼地方也沒去

我有個國中死黨L，我們曾經一起度過CS、紅色警戒、魔獸等線上遊戲的網咖戰鬥時光，我準備考四技二專的倒數最後一天，我們兩人還相約廝殺到半夜。讀企管系的L經常談論著未來想要一起做生意，要一起去澳洲打工渡假，要一起到世界各地走走，當時二十出頭的我們，覺得一切都有可能，只要拼了命去幹就行了。

剛退伍時他說，等我先工作幾年後再去世界各地闖闖；二十五歲工作幾年後的他說，等我先存到足夠的錢再創業；二十七歲有了一些錢後他說，現在時機不對不能創業，希望能在三十歲前去澳洲打工渡假；三十歲後他說，我結婚了，要照顧小孩。

我們已經很久沒有談論過去的夢想。當時先走一步的我，不斷鼓勵他出國，但他說身旁有女友、有家人、有工作，所以走不開。日子一天天過，我和L說可以偶爾獨自在台灣走走，但他已經習慣照顧女友，心中牽掛著家人，腦中惦記著工作，所以走不開。今年我們兩人滿三十歲，看著他未來要照顧老婆、孩子、父母、工作，替他感到開心，因為他變爸爸了。

以前認為L害怕改變所以找一堆藉口，現在才了解，或許我們曾經有同樣的夢想，但心中的理念卻不同。當時他之所以想做生意、出國，可能是想讓自己成為一個有肩膀的人，所以現在才會選擇把身旁的人全部扛上肩。而我想要從夢想之中學會堅持，我不喜歡輕易放棄一件事，更別談放棄夢想，因此不顧一切去實踐。雖然我們走在不一樣的道路上，卻面對一樣的方向，都努力想要成為最好的人。

我出去走了一圈回來，還是選擇待在台灣，感覺最後好像什麼地方也沒去。

我曾經想要一去不回，不想待在這座小島上，以為外面的世界很精彩，但事實卻像齊秦〈外面的世界〉這首歌裡頭寫的：「外面的世界很精彩，外面的世界很無奈，當你覺得外面的世界很無奈，我還在這裡耐心的等著你……」可能另一個我，早就耐心的等著我，等著任性的我回來。

不是將就，而是自己終究是心甘情願待在台灣。

到頭來，我和L都還是在同個島上打拼，夢想早就成為彼此揶揄的話題。因為我們都已經不是一個人，不能一笑置之，不能一去不返，只能一言難盡。

我們就像龜兔賽跑裡的龜與兔，他像烏龜走得慢，我像兔子跑得快，我的終點和他的起點還不是同一個地方，結果最後好像什麼地方也沒去。

重點不是去了哪，而是你最後想待在哪。

沒有人比你自己還瞭解自己，沒有人比自己更有資格做任何決定。每個人都希望別人給自己明確答案，而我們也窮盡一生拼命找答案，但人生的重點絕不在答案本身，而是努力追尋的過程。

而當你在旅行的沉澱過程中有所體悟時，就不會再執著於答案本身了。

☑ 找到人生的價值

懂得付出

這幾年常聽到有人出國當志工，關於這點，有些朋友有不一樣的看法。有些人很氣憤，討厭那些自以為出國當志工就多偉大的人，覺得為什麼似乎旅行只要沾上公益就是一件可以炫耀的事蹟？不理解台灣有這麼多需要被幫助的人，為何有人要花錢出國幫別人？

這些朋友氣憤的是其實炫耀，並非討厭別人出國當志工這件事。每個人都有權去選擇他所想要幫助的人，因為大家各自有不同的「人生使命」要去完成。

一生當中，我們難免會遇見喜歡炫耀的人，有人會炫耀財富、人生經歷、想法……你可以否定一個人的炫耀行為，但不能否定他的努力作為。那些會想要炫耀的人，出發點只是想要引起別人的注意，絕不是為了傷害他人，他們只是不懂如何拿捏自信與自大。

旅行回來，我迫不及待想要和別人分享故事，某次要參加演講時，剛好看到有人對著我的演講海報說：「這有什麼了不起的，又是一個在賣弄旅行的人。」當時我非常訝異，因為我只是單純抱持著分享故事的心情而來。之後我被這件事困擾許久，擔心是否太過自大。

後來，有位朋友告訴我：「自大與自信之間就像兩座山頭，謙虛就像座橋樑，可通往兩者之間，你要學會是建橋樑，不是花一輩子的時間在愚公移山。」

一個人會氣憤他人，有可能是出自於忌妒，人只會忌妒比自己好的人。我們會忌妒比我們有錢的富人，但應該不會忌妒貧窮的乞丐吧。忌妒和羨慕也是兩座山頭，我們也需要學會建橋樑，才不會一直把自己關在負面情緒之中。

台灣有這麼多需要被幫助的人，為何大家要花錢搶著出國幫別人？每個人心中都有自己想完成的使命，不能因為別人沒有做你心中認為是對的事情而抱怨。如果自己真的這麼關心台灣，就應該親自動手幫他們做事情，而不是開口幫他們抱怨。

當我離開台灣後，看了世界再回顧過去，才發現身邊大部份的人把生命大半的時間都花在無建設性的抱怨上，少部份成功的人其實都忙於實踐抱負，根本抽不出時間抱怨。

我常被問到為何旅途上要去印度垂死之家當志工，自己也答不出個所以然，只知道這似乎是個使命，就像冥冥之中註定好的。我只是順其自然去做這件事，並沒有多偉大的理由。

某次，我問了一位西班牙志工朋友：「你為何要來？」他回我：「為何不來？」他的答案可能就是最好的答案。

當志工得到什麼？我學會付出。印度垂死之家的經驗讓我熟悉死亡的味道、死亡的聲音、死亡的溫度。能和一群「找死」的朋友，在「尋死」的道路上付出愛，重新詮釋死亡的定義，讓我重新建構了人生的價值觀。

當你懂得開始幫助別人，也就懂得開始幫助自己！

不去旅行的人有一百萬個殘酷的逃避理由；
去旅行的人只需一個堅強的理由。

沉澱一下

一位和男朋友分手的女生寫信給我，說她為了療癒情傷，想獨自去印度散心，問我該不該去？當下我沒有給她答案，而是希望她能自己做決定。後來再度接到她的來信，她說原本自己只計劃去印度一個月，現在卻決定要多待上半年。我想這次的印度行肯定能帶給她許多改變，也很開心她做了一個最適合自己的選擇。

每個在路上的旅人都是病人，大家都有自己的「病因」，有人是因為愛情、家人、事業、人生。每位病患的親人一定都會叫他們待在房間裡養病，親人會苦口婆心告訴你：「醫生一定可以幫助你，只要你乖乖躺在床上休息就好。」但當你沒有變得更好時，看見親人付出越多，其實只會越令你難過，因為你不想眼睜睜看著他們傷心，這可能會導致自己更討厭自己，恨自己如此軟弱，只能像個小孩躺在床上。

但最好的醫生肯定不是關在白色巨塔裡，穿著白袍只會開藥的人，他們也許能治療你的血肉之軀，卻無法治癒破碎的心靈；最好的醫院、最棒的醫生、最能為自己帶來健康的藥都在家門之外的世界。世界是一座最有趣的醫院，每位陌生人都是最棒的醫生，最好的藥就是你可以為一件小事而感動。最重要的是要有一位不害怕並且勇敢的病人，一切才有意義。

出門前，我很焦躁，因為身上背著巨大的回憶包袱，許多傷痛的往事壓得我喘不過氣，我曾試著要去解決問題，但常常徒勞無功。這種反覆的過程，加大我對人生的無助感，甚至不知道活著有什麼意義……

我曾經懷疑自己的旅行到底是否只為逃避，因為這個社會告訴我，無論再痛苦的事都要堅持下去。我也一直在旅行途中思索這件事，直到真的要結束旅程時，才找到這個答案：「堅持對的事，再苦都不累；堅持錯的事，又苦又累。」

當你出去久了，某件自己最害怕的事就會像水中的雜質自行沉澱，你會漸漸清楚看見它的樣貌，開始認識它，也就開始懂得用另一種語言與它溝通。慢慢的，它會從敵人變朋友，你對它的感覺會從討厭變喜歡，從害怕變勇敢。

為何當初我沒有給這個女生答案？因為我不希望她聽從別人的話去做任何決定，沒有人比她還瞭解自己，沒有人比她更有資格做任何決定。每個人都希望別人給自己明確答案，而我們也窮盡一生拼命找答案，但人生的重點絕不在答案本身，而是努力追尋的過程。

當你在旅行的沉澱過程中有所體悟時，就不會再執著於答案本身了。

很多人花了一輩子的時間讀了許多有智慧的書，但不上路去實踐，那麼智慧只不過就是一顆絆腳石，最後可能還要花三輩子的時間去搬開這顆石頭。

我很開心她要繼續旅行下去，開始懂得如何繞過石頭，而不是執著在搬開石頭。

唯有抽離熟悉的環境，把自己放逐到遙遠的世界，才有可能越接近自己。

激發熱情

有個朋友非常熱愛旅行，想要當導遊或是進入旅遊產業，不知該如何選擇。

我認為，吃飯可以當興趣，興趣可否當飯吃就是另一回事。

一份可以玩又可以賺錢的工作是絕大部份人的夢想，我也曾想要投入旅遊相關產業。因為愛玩，以為只要愛玩就適合旅遊相關業，一直到我旅行途中遇到一位台灣朋友，改變了我的想法。他是一位在旅行社工作十多年的導遊，某次他用感慨的語氣對我說：「我以前也和你一樣是背包客，自從當上導遊，旅行變成一份職業時，就多了一股責任。當旅行變得唾手可得，就不再會懂得珍惜；當旅行變得不再遙遠時，就變得不再嚮往遠方。」

我重新思考是否要和旅行保持距離？究竟是要把它當成職業還是興趣？隨後我寫

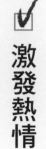

了封信問他，是否該把自己所喜歡的事情拿來當工作做？他說：「你最喜歡的，並不代表最適合你！」這句話像是當頭棒喝，我開始問自己適不適合這個產業。

許多人都曾經陷入一種「選擇的膠著」，衝動和理智之間往往存在一條模糊的選擇基準線。當我們不敢越界、思考時間越久時，就容易被卡住，不敢做出抉擇。

當我試著把自己從選擇的膠著撕開時，我開始問自己：為什麼旅行？

原來，喜歡旅行是因為不想被侷限，想忘記時間的重要性，想隨時離開一個討厭的城市，想隨時做一些瘋狂的事。知道這些答案時，我就瞭解自己不適合當導遊，也不一定非得要投入旅遊產業。不是喜歡玩就非得要去從事旅遊業，也不是喜歡看電影就非得要拍電影、喜歡音樂就非得要當歌手。

我慢慢發現旅行是一種「純粹的突破」。有很多不同身分的人，藉由移動、旅行達成工作上的目的，像是業務員每天外出拜訪客戶、音樂家或是音效師四處移動蒐集聲音、攝影師在世界各地按下相機快門……這些人都藉由了移動來突破自我。當你把旅行的定義擴大時，重點就變得不單純是執著於旅行本身，而是如何讓自己不要過得一成不變。

回國後，身邊朋友建議我可以去當導遊，我都會回說：「一個人玩和一個人帶著一群人玩是不同的，因為前者只要對自己負責就好，但是後者必須對一群人負責。」

這個世界上有太多有趣的工作可以讓你「旅行」了，除了航空旅遊業之外，你可以當工程師到世界各地研發新產品，可以當作家到處創造，也可以是一般的小職員，利用員工旅遊為單調的生活與工作增添層次，之後就能帶著新的熱情重返工作崗位，再去創造更不一樣的生活方式。

旅行如同一場考驗，讓你學會如何定義自己生活的態度，當你找到自己的生活態度時，也就懂得如何在人生中選擇最適合你的答案！

「旅行」沒什麼值得驕傲的，真正值得尊敬的是對生命的「履行」，並且永遠對自己真誠。

有價值的批評

有位記者朋友曾說，他看到現在台灣社會對媒體的失望以及主流媒體新聞的娛樂化，開始對自己的職業產生疑慮，問我在旅行之中是否有遇過記者身分的旅人，他們是如何看待自己的？

我認為記者就像半個哲學家、半個作家，深深影響整個社會。

我曾經在中國敦煌遇見一位馬來西亞人，她在北京當自由記者。當時我對她的身分極為好奇，所以主動和她相約，一起展開一趟小旅行，她的一舉一動就像活生生的哲學家，讓我上了一課。

在路上，我問她：「要去哪裡走走？」她說：「隨心所欲吧！」

當時我有點一頭霧水，好歹也要知道該往什麼方向吧，她告訴我往有人的地方走就對了！我們果真一路上朝有人的地方走，累了就停下來，在陌生的環境裡，她習慣和陌生人聊天。我和她不同，屬於較被動的觀察者，傾向先沉默觀察再主動開口。她說：「有時，當觀察者和被觀察者在沉默中眼神交會時，就是一種權力交換。在那一刻，信任與否的對立就已經產生，而要打破對立的方式就是主動出擊。」她笑著說：「你和好朋友見面時，應該不會花五分鐘思考要聊什麼吧？」

我就這樣一路看著她搭訕陌生人，一路閒話家常，在小巴士上她會問隔壁的老婆婆為何要搭這班車？要去哪裡？做什麼的？像一位哲學家一樣問了許多問題。她說若不親近人群又如何瞭解環境？不瞭解環境又該如何解讀社會？一個社會出了問題，一定都是一整個系統性的脈絡問題。

當我試著和一個穿著破爛衣服、生活在窮困環境的當地人聊天，發現他們跟本就不覺得自己貧困，反而不懂為何外人要一直把他們當窮人看待。如果今天我是以一位記者的身分來報導該地，在沒有深入瞭解他們的情況下，可能會下「被世人遺忘的一群人」這類煽情的標題，接著可能會引起一連串的社會輿論反應。但實際上他們可能什麼都不缺，也不想被人消費，但這則報導卻已經造成傷害。

那位馬來西亞朋友會在白天四處遊走，下午則習慣在電腦前打字。她說：「凡走過必留下痕跡，凡看過必留下筆跡。」她認為現今社會資訊氾濫，越來越多人可以發表不負責任的言論，她會隨時警惕自己，一百支槍桿子還不如一根筆桿子的殺傷力大，所以永遠不要寫一句連自己都不懂的話！

才短短三天的相處，我看到一個關心社會比關心自己還多的人，她知道這個社會已經太混亂，如果再一味用文字挑起事端，只會讓人群更焦躁。在我們的對話當中，她從未批評任何媒體現況，因為她知道批評別人就要負責，而她能做的就是先對自己負責，並且從文字開始做起。她不斷藉由旅行觀察這個社會，用文字表達自己對這個社會的看法，她想要藉由瞭解外面的世界，再進而去瞭解自己內在的世界。她到底是個哲學家？作家？還是記者？我已經搞不清楚，但最重要的是她教會我要對自己的所做、所為、所言負起責任。

出門是為了放下自我，
重新建立對這個世界的信任感。

找到人生的價值

很多人問，到底是什麼動機影響我出去旅行一年？

其實我最害怕的就是漫無目的的旅行，我只是去挑戰最不願意面對的事。

從小我就是班上最令老師頭痛的學生，不只成績差又愛搞怪，一直學不會怎麼乖乖坐在書桌前讀書，以為在學校愛玩就可以交許多朋友，但成績不好的我，卻一直被同學、老師，甚至是家人疏遠。我曾經想試著讀書，但考試就是考不好，求學時期不曾拿過一百分，一度懷疑自己是不是智商有問題。這讓我開始自卑，為了不想讓別人看不起，只能靠「讀書」來証明自己，這股怨恨的原動力支撐我考上國立科大，以為可以就此不再自卑，但卻讓我越變越膽小，越來越不認識鏡子裡的自己。

直到大四那年準備要考研究所時，我才發現讀死書根本不是我想要的，過去這麼做只是不想輸給別人，想靠讀書出人頭地。發現這點後我很害怕，因為要活出新的自我，就代表過去的努力都會化為烏有。我花了一段時間撫平起伏的情緒，等到內心平靜下來後，我問自己：到底想要什麼？

有時候，人生不能急著找答案，問題放久了，答案就會在某個地方出現。我發現自己喜歡陌生的世界，不只是想在靜止的文字中探索，也想要用眼睛看、鼻子聞、耳朵聽，在這個世界冒險。唯一可以讓我認識陌生廣大世界的方式，就是離開熟悉的小世界，所以我選擇「出走」。

知道自己想要旅行後，開始害怕語言不通、害怕一個人、害怕危險，但一直沉浸在害怕之中，並不會讓自己變得更好，唯一的方式就是挑戰它。挑戰會帶來恐懼，過程必然會帶來的是經驗，經驗會淬煉一個脆弱的人，當自己被淬鍊到一定的韌度時，也就會產生一定的信心和堅定。

蘇格拉底曾說：「一個人有沒有幾何學的知識，知不知道慧星和行星的自然現象並不重要，最重要的是善於培植自己的信念。」

蘇格拉底教會我挑戰最害怕的事，可以藉此淬鍊自己的信念，這個信念不是努力賺錢、不是用功讀書、不是功成名就，而是相信自己可以做得更好、可以再接再勵、可以一直堅持下去。

旅行沒有讓我更出人頭地，也沒有讓我更厲害，但過程讓我的心態變得不一樣，當心態開始轉動時，世界也就隨之轉動。

如果你問我：「回國後還會自卑嗎？」

我會說：「自卑永遠不會消失，它永遠都在，我唯一能做的就是當它出現時『把它打破』，自卑打破時，自信就進來了。」

即使自己沒有好的家世背景，沒有好的學歷都沒關係，就趁年輕時讓自己擁有一個比任何人都還堅定的信念，這比任何東西都來得可貴，因為在你挫折時，可能會失去一切，但信念是所有人都奪不走的。

年輕人，出社會前「敢」夢想，
出社會後「趕」夢想。

旅行是為了好好大哭一場

很開心收到一位朋友從歐洲寄來的明信片，她說自己一個人跑到羅馬生活了一個月，旅程快要結束時，她獨自坐在人來人往的廣場，莫名其妙大哭了一場，但卻不知道自己究竟是難過還是開心。

我想她的哭泣不是因為難過或開心，而是因為有了勇氣。

我還記得小時候不管在家裡還是外頭，只要不小心做錯事都會被母親罵個臭頭，若是哭的話，會被罵得更慘，被罵的內容不外乎是：「男孩子哭什麼哭？膽小鬼才愛哭，勇敢的人不會掉眼淚。」隨著時間的流逝，從校園到職場，從同學到同事，身邊的每位男性朋友都忘了怎麼哭。有次我好奇的問同事：「你有多久不曾好好哭了？」他用一種英雄般的姿態說：「有什麼好哭的，男人有淚不輕彈！」

「英雄不落淚」這句話陪我走了二十七年，隔年，旅行路上，我才發現自己根本不是當英雄的料，反而寧願當一個愛哭的大雄。

我很少自認自己一年的國外旅行是壯遊，因為我說不出多了不起的的大道理，稱為「撞遊」還比較貼切。我只是把心中的許多疑惑丟進背包，每當在路上遇到不同的人，就拿出不同的問題請教他們，去碰撞不同文化，我自己也非常喜歡這樣的碰撞過程，碰撞中會產生「火花」，若沒有這股火花，永遠無法點燃早以冷卻的心。

你想要什麼樣的生活？又為何不想要其他的生活？

你想要什麼樣的成功？又為何不想要其他的成功？

你想要什麼樣的價值？又為何不想要其他的價值？

每天的移動讓我看到新的景象，遇到新的朋友，聽到新的故事，這些全都在我腦中不斷激盪出新的火花，自己心中的熱情也隨之被點燃。

原來，印度很多窮人，但不是每個人都苦著臉過日子，也有樂於眼前生活的人；原來，歐洲很多富人，但不是每個人都笑著臉過日子，也有苦於眼前生活的人。原來，臉上笑容的多寡，不是取決於富有或貧窮，而是取決於心中是否充滿希望和勇氣。

知道勇氣的重要後，我哭了，但眼睛擠不出眼淚，只好哭在心裡，但慶幸自己找回流淚的感覺。哭完後，沒有傷心，反而有更多勇氣。

所以，每當有人問我旅行得到了什麼？我都開玩笑的說，我花了三十萬買到一個勇氣。

或許這位朋友無法當一輩子的羅馬人，但我想她一輩子也忘不掉曾當過一個月的羅馬人。真的非常替她感到開心，因為她給了自己大哭一場的勇氣，這是一個最棒的禮物。

旅行是為了好好大哭一場；
大哭一場完後才能好好旅行。

也許，我們不該再妄自菲薄，一味追求另一個世界的知識，
而是先轉頭看看自己有什麼。如果你連自己是誰都不知道，
又該如何向別人介紹你是誰？

✓ 我們擁有很多

我們擁有很多

某天，朋友問我：「你覺得外國和台灣的年輕人有什麼差別？」

老實說，我覺得全世界的年輕人都一樣在害怕，怕不明確的未來、怕畢業後找不到工作、怕找不到人生方向、怕實踐不了夢想……

可能有人會反駁說，國外教育比較開放，國外比較有機會，國外的年輕人比較有競爭力。還沒出國前，我曾誤以為每個法國人都像拿破崙一樣神勇，每個英國人都像貝克漢一樣帥，每個德國人都像尼采一樣富有哲思，每個西班牙人都會在街上跳佛朗明哥舞，但事實卻和想像有很大的落差。

很多人去了國外，不免會看到別人好的地方，或是別人有而我們沒有的地方。也許有人會因此慚愧，但我卻看到自己有而別人沒有的地方，反倒覺得台灣充滿無限的希望與機會，回國後更增添信心與勇氣。

語言

如果你身旁有外國朋友，問問看他們未來十年最害怕的國家，我猜他們十之八九會說：「中國。」

在中國我看到許多外國人瘋中文，都會好奇的問他們為何要來中國？有位朋友嚴肅的說：「想打敗眼前強大的巨人，要先學會說他們的語言。」當然，我們都已經會說巨人的語言，這就是我們的優勢。

有位朋友前陣子去上海旅行，在青年旅舍認識一群全部不會說中文的外國背包客，他充當導遊帶著這群人深入當地，他與外國人的積極互動除了增加自己的國際視野，也獲得了他人的肯定。

你若不喜歡自己的語言，別人該如何喜歡你？

文化藝術

再來談知識，你可知道中國哲學、藝術是非常難讀懂的，連熟讀中文的我們都不一定讀得懂，更何況是不會中文的人。

最近碰巧讀到《孟子》裡頭的一句話：「民為貴，社稷次之，君為輕。」（在一個國家裡，人民最重要，土地與穀物之神次之，君主最輕。）以當時的時代來看，這是很了不得的言論，因為主張「主權在民」，在西方被譽為偉大思想家盧梭，是出生在一七〇〇年代，相對地，孟子是公元前三〇〇年的人，兩人生存的年代足足差了兩千年！

我曾在成都曾遇見德國人學中醫，在西安遇見法國人學功夫，在廈門遇見美國人讀老莊。他們這些老外光是要學習中文的專有名詞，可能就要花上好幾年，還不一定能融會貫通。

我們都曾討厭死背論語、唐詩三百首、中國歷史故事，讓我們不感興趣的問題肯定出在傳授的方法，而非知識本身。如果你願意花時間重新好好品嚐這些哲學與藝術，你就會知道世界上除了有畫家達文西、哲學家蘇格拉底、音樂家貝多芬，還有在中國被稱為書聖的王羲之、哲學家老莊、詩仙李白。

也許，我們不該再妄自菲薄，一味追求另一個世界的知識，可以先轉頭看看自己有什麼。如果你連自己是誰都不知道，又該如何向別人介紹你是誰？

試著先接納自己的文化，再去吸收他人的文化，最後創造出屬於自己的新文化。等你出了國，別人會希望和你談論的是中華文化，而不是當一位只懂西方文化的東方人。

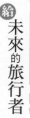

態度

整個亞洲地區的學生、年輕人都拼了命補習、拼了命考試、拼了命工作，當然一堆人也拼了命抱怨這種人生。這種現象往壞處想是我們只懂得任勞任怨，往好處想是人民「願意服從」。西方教育強調自由，不也造成了現今歐盟國家一堆無業人口？

何不先試著利用「服從」的態度，再加點自由的精神元素，建構出屬於這個Z世代的中庸精神？

台灣看似缺點很多，沒什麼優點，但一個真正成功的人，不就是把一堆缺點化為優點，再把自己放進對的位置？如果你爆發力強、沒有持續力，就把自己放進短跑比賽裡；如果你只有持續力，爆發力不夠，就把自己放進長跑比賽裡頭！

我們就是因為擁有太多，所以才看不見自己。

☑最棒的「微旅行」

某天我跟一位有趣的朋友相約在IKEA享受美好的早餐，那位台灣朋友在澳洲生活了十年，原本可以成為正式公民的他，一年半前選擇回來。我好奇的向他請教三個問題：如何把英文學好？為何要回家？如何定居在國外？

如何學好英文？

面對這個問題，他劈頭就說：「重點不是學好英文，而是如何找到英文的樂趣。」他分享了自己的親身經歷，有次他打算和一位義大利朋友共同合作煮出一道料理，碰巧那位義大利人的英文極差，兩個人只能用隻字片語簡單的英文來溝通，當然還搭配了大量的肢體語言。其中一個人煮義大利麵，另一個人炒宮保雞丁，最後做出一盤台義混血料理，如果兩人完全沒有可溝通的語言，會更添加合作的困難性。

英文可以讓兩個來自不同國家、文化的朋友，共同完成一樣作品，可以是一道料理、一首歌、一個藝術作品、一部電影。

英文變成他們兩者之間溝通的橋梁，可以縮短比手劃腳的時間，甚至可以讓彼此更深入了解。學會一種陌生語言，可以認識到一個陌生世界背後的各種文化。一個人可能因為會義大利語，而比別人更懂得品嚐義式料理的美味；可能因為會法語，而比別人更懂得法國電影背後的藝術美感；可能因為會日語，而比別人更懂得一部電玩遊戲背後的故事；可能因為會葡萄牙語，而比別人更懂得南美洲人為何熱情。

相反地，當你「愛上」某種文化，也會促使你去學習某種語言，有了愛，才會有動力，因為你想要傾聽對方，想要融入一座城市、一個環境。

不同的語言，就像是不同的鑰匙，可以打開不同的藏寶箱。

為何要回家？

理由很簡單，因為他在乎家人。一個人在異鄉，才會發現和真心在乎你的人生活在同一個屋簷下，有多麼的溫暖。以前父母的嘮叨，在自己離開後才知道這叫關心；以前父母的責備，分開後才知道這叫擔心；以前父母的雞婆，遠行後才知道這叫操心。

為何要回家？或許父母還是沒有變，一樣嘮嘮叨叨，一樣愛責備，一樣愛雞婆，但一切都變得格外窩心。

也許我們該問自己：為何不回家？

如何定居國外？

這個問題回答起來顯得容易許多，因為他分享了許多可以定居國外的方法。技術移民、當地就學讀書、投資移民、獲得工作簽證。他以澳洲為例一一回答。

技術移民——有過人的技術專長，如護士、廚師等。（難）

當地就學讀書——就讀大學或研究所，之後投入當地工作。（很難）

投資移民——最少要在當地投資台幣一千五百萬元以上。（超難）

獲得工作簽證——藉由打工渡假，在工作場所展現過人的工作能力，証明這職位非你不可，雇主才會願意發正式工作簽證。（不容易）

如果你沒有特殊技能或足夠的資金，可能只有最後一項可以選擇，但也最具挑戰性，因為競爭者來自全世界。假使你願意給自己一個挑戰機會，即使無法獲得當地人青睞，往後也會懂得如何在職場上付出，如何追求目標，回台灣後這股力量一樣可以被延續下去，或許有一天當你在未來力量夠大時，也可以改變台灣的工作環境。
這頓早餐，除了填飽肚子也填飽了腦子，正是一趟最棒的「微旅行」！

如果有一個信念，能讓你在最窮困潦倒時依然想著它，又會使你開心，那就是你該持續下去的事。

給未來的旅行者

旅行的力量

二〇一二年在台南成功大學舉辦了當年最後一場分享會，習慣提早到場的我，在會場上遇到一位看來八十歲以上的老爺爺在大廳前探頭探腦，跑來問我今天的講題是什麼？我說是一個毛頭小鬼跑出去旅行的分享會。當時他用盡全身的力氣說話要和我分享他的故事，但他濃濃的外省腔讓我聽得很吃力，可以說是有聽沒有懂。眼看活動即將開始，我轉身跑上台，坐定後，瞧見老爺爺就坐在台下聆聽。

分享結束後開放問答時，老爺爺特地舉手跑到講台前，問我：「你認同『讀萬卷書，不如行萬里路』這句話嗎？」

以前不喜歡台灣填鴨式教育的我，肯定會瘋狂點頭認同。可以不用為了考試把自己鎖在書桌前死背課本，能夠四處遊玩誰不愛？但是，等到自己有天真的行在萬里路上時，我才深深體悟到「書到用時方恨少」！

我旅行到中國十三朝古都西安時，感覺非常陌生，完全不了解這座城市的歷史。雖然旅行的日子很愜意，但卻不怎麼踏實，覺得空空的。在義大利羅馬古城區時，也覺得非常陌生，羅馬對我而言如同最熟悉的陌生人，整天沉浸在千年古蹟之中，但就少了一股共鳴，知道眼前有藝術，卻不知怎麼品嚐。我恨當時身旁沒有歷史系與美術系朋友，也恨自己過去為何不多讀歷史，不多學著欣賞藝術。

旅行前，以為知識單純就是為了追求卓越，行萬路後，才了解知識是為了品嚐生活。

旅行回來後，我期許自己「行萬里路後，不如再讀萬卷書」。

活動結束後，老爺爺主動走向講台，不斷稱呼我「老師」，讓我有點害羞。他說自己無法像我一樣在年輕時旅行，因為過去都在努力追求知識，還拿了兩個博士學位。他的謙虛，讓我上了一課，實在很難想像一位長輩願意向小他年紀好幾輪的年輕人請教學習。

當初我以為知識可以讓人更偉大、更驕傲，後來才發現，原來知識要我們學會的是更樸實、更謙虛。這些都是旅行之後我才懂的。

如果你問我：「讀書重要？還是旅行重要？」

我會告訴你：「在書中旅行，在旅行中讀書。」

因為，讀書和旅行就像雙眼，少了一隻眼睛依然可看到前面的世界，角度卻無法看得比較廣。

> 不論是讀書或旅行，往往都是因為我們想得太複雜，所以產生害怕。

路是人走出來的

一位年輕朋友來信說道：「我是七十七年次的，在台灣不曾有工作經驗，這兩年持續在加勒比海一帶的國家擔任志工，今年八月剛抵國，但卻感受到一種前所未有的衝擊，因為我發現全世界都在進步，台灣似乎還在原地打轉，但卻還又沾沾自喜以為自己走在世界的前端。我希望台灣能變得更好，由衷希望自己能做點什麼，心中卻充滿了哀傷。

我在國外做志工服務時一直掛念家裡，那時才發現自己真的很愛台灣。回到台灣後，才發現這個我生活了二十多年的國家卻變成最熟悉的陌生人，感覺就自己就像身處在一個黑暗的洞裡。

經過幾個月的反覆思考，我內心深處還是覺得想要出國，去非洲看一看，想要趁年輕時多去探索這世界以及自己。大學時我就讀公衛系，只要有機會出國，幾乎都是去做志工服務，我希望這次能以非洲志工服務做為句點，記錄這五年來的心路歷程。之後我想要去美國進修碩士學位，充實能力，然後在發展中國家工作，用自己的專業與所學，旅行到世界每個角落，融入並且了解另一個文化，竭盡所能幫助人們。

這次選擇再次出走，背負了巨大的壓力，因為父母拒絕溝通。有時我說不出口的話，會寫在信上給他們。我知道父母是因為擔心我會遇到危險，但我好想讓他們知道這不是盲目的旅行，我是希望藉由這次機會，實際親身去了解低度發展國家的文化背景與環境；自己也知道志工旅行沒有收入，但從中所得到的經驗都是無形的正向能量。

從小父母希望我們學業有成，但在念書的過程中，發現了屬於自己的夢想，想要一步一步去完成時，父母卻成了我最大的阻力；還有，社會對於年輕人出走的接受度，似乎也沒想像中高。

現在的我不知該如何與家人溝通，備感挫折。內心深處有股聲音告訴自己：『應該要出發了。』我真的好想直接離家出走，希望家人有天能以我為榮，知道我做的不是壞事。」

我想父母拒絕小孩選擇的路，不是為了要否定小孩，而是他們看不見這條路會通往何處。

當一個人覺得眼前的路有地雷，即便你告訴他前方再安全，他會接受你的建議才有鬼。那麼，換個角度來思考，要如何讓一個人有勇氣跨過地雷區？

首先，試著掃雷。先找出父母害怕的地雷，他們是害怕你去非洲發生意外？怕你未來沒錢途？怕你沒能力照顧自己？還是捨不得你吃苦？如果你沒有把前方地雷掃乾淨，父母永遠不會前進。

再來，讓他們親眼看到有人能跨越雷區。如果父母看到前方有人能安然無恙跨越雷區，這會增加他們前進的信心。你可以開始蒐集資料，看看有哪些台灣人曾經和你選擇一樣的路，直接去請教他們。

如果幫父母掃完雷、讓他們看到前方有人能跨越雷區，卻都還不能使他們接受的話，那就牽著他們的手，陪著他們一起走過危險。

這些掃雷過程，不僅是為了他們，也是為了你自己，如果你連最愛的人都無法影響的話，更別談未來要去改變一群不愛你的人。

再不旅行，我們就老了。

旅行重質不重量

我常常被問到：「你接下來打算再去哪些國家旅行？」

其實我自己很明確知道短期內不會再像過去一樣任性的旅行，不是因為害怕或沒錢，而是想重新找回對生命的感受力。

我剛回國時，四處瘋狂投履歷面試，某次被一家頗具規模的旅行社通知面試。當時我自以為高人一等，心想已經去了這麼多國家遊走，肯定比別人更有機會得到這份工作，而初試我也很順利的通過。最後和公司經理面談時，只剩下兩位，除了我之外，另一位是一個不曾出過國的南部女生，為了面試，她特地從高雄北上。

我們兩人同時被叫進會議室面談，主管問誰要先自我介紹，我當然自信的搶先回答，劈頭就說我環遊過多少國家，看過很多文化，認識很多朋友，也改變了我的人生價值觀等等。我說完後，接著換那位南部女生回答。

她說：「這次來台北，是我人生中第一次獨自旅行。讓我印象最深刻的是台北捷運搭電扶梯時所有人都清一色靠右站，但在高雄卻不是這樣。我曾經聽一位北京朋友說，在北京當地雖然每個地鐵站都有宣導『右側站立，左側通行』，但卻無法像台北捷運一樣徹底執行。我後來因為好奇心，所以上網查了一下，才發現一九九九年年初，台北捷運開始推廣靠右站的習慣，為的是要讓趕時間的乘客可以利用左側通行，當初也曾出現反對聲音，但捷運公司堅持推行，這項台北獨有的捷運文化終於被市民接受，這項文化最後也慢慢進入整個台北城，不論搭捷運、逛商場、進入辦公大樓，只要有手扶梯，人們都會下意識的靠右站。雖然台灣很小，但從這點就看得出台北和高雄的文化差異。這讓我感到期待，如果以後有機會到各地旅行，我希望每天都會有新的發現。」

主管專注地的聽完她的自我介紹，那時我心底已經知道沒機會獲得這份工作了。

事後果然被通知沒錄取，我花了好幾天反省，深知自己不是被這位南部女生打敗，而是被自己的無知擊倒。因為我沒有真誠的分享旅行，只想向別人証明自己親身環遊世界的經驗，這更加突顯我的愚昧。

以前我把台灣當成一本太小太薄的書，所以才認為更要到世界各地閱覽，殊不知囫圇吞棗卻容易把自己噎個半死。

換個角度想，如果花費一生來讀懂一本書，比起那些自認滿腹經綸、學富五車、飽讀詩書的人，說不定更能把這本書裡的每個文字、每段句子深深植入心中，徹底融會貫通。

如果你和我一樣住在鋼筋水泥城市裡頭，不知道樓下管理員叫什麼、隔壁鄰居姓什麼、家裡附近有哪些好喝的咖啡店、哪裡有老雜貨店，那就請看到人時主動揮個手，或是動個腳，四處探訪一下。接下來，再去認識那些不熟悉的城市，去東部感受海風，去南部感受老屋木頭散發出的霉味。花時間去和陌生人打招呼，去認識陌生環境，用心去感受這塊土地，這才是最了不起的「小壯遊」。

或許，做人真的不要太聰明，當個專注一點的傻子，才會更有福氣。

關於旅行，我們太專注在眼睛拍照、
舌尖味蕾的享受上面，
卻忘記還有耳朵、鼻子、皮膚的存在。

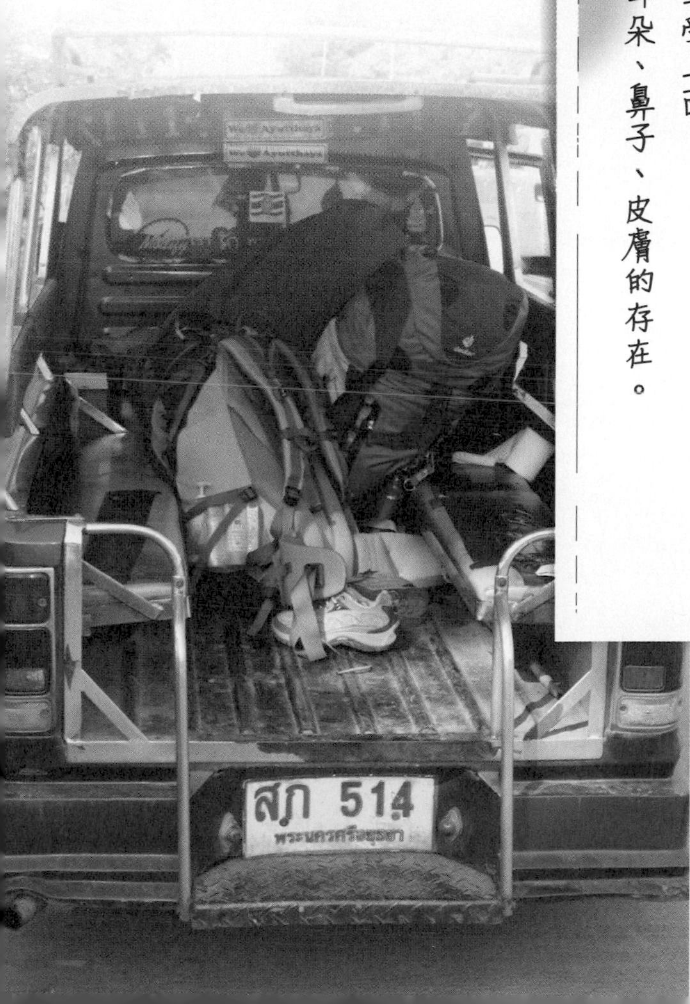

我總以為旅行是為了認識新朋友，但其實最後認識的是新的自己。

帶上真正屬於自己的，
那些不屬於你的，
就別帶了！

結交朋友

有位準備要出國自助旅行的女生，對於獨自出國自助旅行有點害怕，所以上網找了另一位女生同行，想知道與人同行時，她該注意哪些事？

我的回答是，不要太過於依賴對方，因為沒有人喜歡出國旅行時還當別人的保母。

當年，我自以為浪漫，旅行前沒有和旅伴聊得太深，只知道他曾有旅行經驗，誤以為要和我一樣出國旅行一年的人應該也很隨興，不會計較太多。但幾天相處下來，才發現已有獨立能力的人，不喜歡凡事都被依賴，因為這會讓自己變成名符其實的背包客——背著另一個人出來旅行。

「自助」旅行，就是要學習靠自我的力量去幫助自己適應陌生環境。

試著想想，你在網路上約了陌生人一起去陌生環境，這對兩人來說都是一項極大的挑戰。到陌生環境已經夠緊張了，如果夥伴比你更緊張，三不五時問你要去哪？要吃什麼？身旁的人在說什麼？你肯定會大受影響，想要享受旅行的好心情徹底被打壞。人都只想出來玩，不是出來煩。

你可以「依靠」但不能「依賴」。依靠就是當你無力時可以偶爾靠一下，不至於讓自己倒下去，稍做調整後，仍可獨自邁向自己理想之地；而依賴則是你走路時的拐杖，離開它你就不能到達目標。

這也是為何有人常說，要知道一個人能否和自己在人生路上攜手一起走下去，跟他去旅行就對了！旅行就像是一場人生測驗，可以考驗愛情、友情、親情。過程中必然會產生許多意見上的衝突，但這堂旅行學分會教我們更懂得如何與人相處。

當你懂得和一個人旅行，也就懂得和一個人生活！

我和旅伴不歡而散後非常自責，開始懷疑是不是自己難相處？自己是不是太依賴了？往後的旅行路上，每當和不同旅伴同行遇到起爭執時，我會放下身段，謙虛的從他們身上學習，或是退讓一步，讓雙方能互相適應。

我曾經在印度當志工時遇到一位日本朋友，他也是出來旅行一年，我們的個性與想法很相近，認識時有種相見恨晚的感覺。某次聊天他說，旅行半年下來，身邊的朋友來來去去，讓他感到最溫暖的朋友就在這裡。當時我要先離開時，他非常堅持要送我去車站，一定要與我當面告別，他是我在旅途上，唯一陪著我離開一個城市的朋友，到現在我們都還是會互相關心近況。

我總以為旅行是為了認識新朋友，但其實最後認識的是新的自己。

雖然我一直說要適應新朋友，但經驗也教會我要懂得「拒絕」。如果旅伴有任何讓你感到異常又行為可疑的地方，請提起勇氣拒絕和他同行，不要怕失禮，尤其是要避免任何金錢上的借用。有時候太過善良，可能會被欺負，甚至被騙，和不信任的人相處的原則就是要大膽假設，小心求證。
最後，旅行要玩得開心，不要玩得傷心。

地球不會因停下腳步的人而靜止，
卻會為移動中的旅人而轉動。

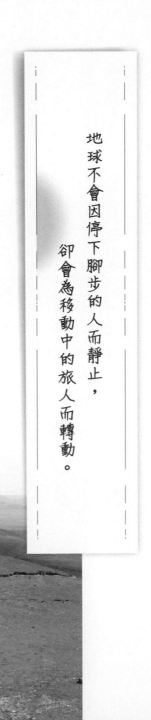

☑到底要旅行多久？

有一位朋友問我，到底出門旅行，時間多久比較適合？

我的回答是：六十六天。因為英國心理學家透過實驗發現，只要六十六天的堅持，人們就有機會讓「習慣成自然」，將好習慣轉變成生活的一部分。

出門前，你會害怕英文不好，六十六天之後，可能會因為已經很久沒說中文，忘了自己是台灣人，只會說一口破英文，慢慢發現英文沒什麼好怕，說穿了就是一種溝通的語言；如果還是無法開口，那就運用肢體語言，你可能會驚訝地發現，這麼做經常會帶來意想不到的收穫。

你會害怕一個人，但六十六天之後，可能已經習慣一個人做決定，也可以不用看人臉色做決定，想吃什麼就吃什麼，想去哪就去哪，想幾點睡就幾點睡，想在一個地方待多久就待多久。你會慢慢發現兩個人在一起不見得比一個人好。

你會害怕迷路，但六十六天之後，可能已經拿著地圖問了不下數十次的路，最後不再害擔心找不到路，因為你已經發現，沒有到不了的地方，只有找不到路的人，也會慢慢發現迷路其實是種樂趣。

你會害怕錢丟了，六十六天之後，可能錢已經掉了，身上沒有任何一毛錢，搞得自己得在臉書上發文求救，結果不小心還被陌生人幫助。你會慢慢發現錢丟事小，命沒丟就好。

你會害怕危險，六十六天之後，可能已經下吐下瀉過，生小病就吃藥，生大病就花錢跑醫院，還會有陌生人送你去醫院，慢慢發現世界沒有想像中的恐怖。

你會害怕回家，六十六天之後，起初與家人的衝突隨著時間被沖淡，身處外地的遊子才能察覺過去家人的關心，比世界上任何一股力量都更強而有力，會慢慢發現家才是最溫暖的地方。

你會害怕工作，六十六天之後，你已經認識各行各業的朋友，開始了解如果一個人沒有工作就無法發揮自己的長才。只要找到自己的亮點，就能照耀世界。你會慢慢發現工作的價值所在。

> 旅行的最大目的，就是去看別人如何開心地活在自己的土地上。

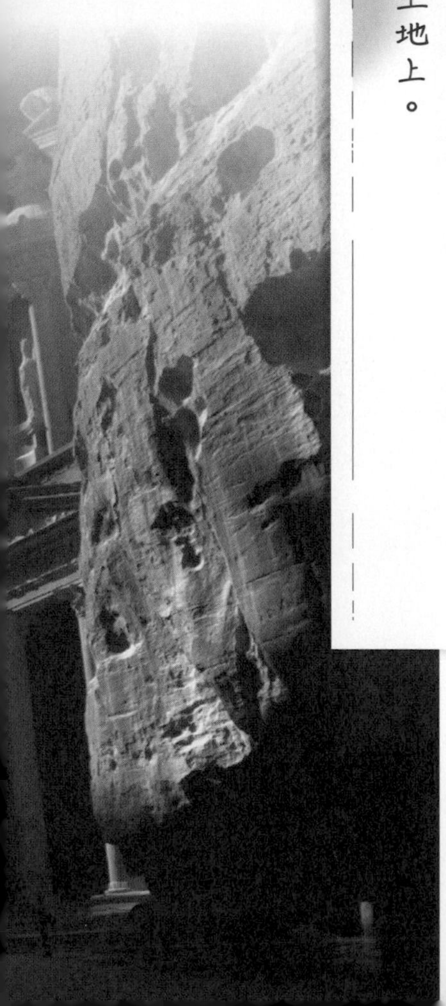

到底該準備些什麼？

有位朋友說她確定明年三月要去紐西蘭跳傘學校追求自己的夢想，立志成為一位女跳傘教練，雖然事前功課已經做得比任何人都還詳盡，但還是有點緊張，想問到底還能準備些什麼？

我想，她為「自己」準備得已經夠多了，開始為「別人」做些準備吧。

我們經常為了自己心中的目標而忽略別人，這個「別人」可能是一個人、一個團體、一個環境，甚至是一個社會。請試著回想自己學生時代最受迎歡的人，那個人絕對不是只顧成績的人，而是那些成績還不錯，同時也在乎身旁朋友的人。有些人成績優異，卻不見得有好人緣，而這也不能完全怪罪在他們身上，因為現有的教育體制都只是教人如何考一百分。

畢業後，環境從校園換成職場，也還是會發現這種現象。運氣好的話，或許會遇到願意主動指導的前輩，但多半都要靠自己孤軍奮戰。身旁所有同事只會送你一句：「我們都是這樣走過來的，習慣就好了。」跑去問前輩的話，他們會理直氣壯的說：「不要期望別人會主動教你，一切都要靠自己。」這句話很中肯沒錯，但卻少了這一句：「靠完自己後，試著教別人如何靠自己。」

別人不拉你，你可以自己拉自己，接著再去拉別人。

我們都必需先接受一個事實，一個人的力量永遠無法對抗一個環境。如果身旁的同學、同事、朋友都不願意拉你，你也無法用言語改變他們，千萬不要強逼自己去對抗，這只會換來更多抱怨與無奈，我們唯一能做的就是先改變自己，把自己拉起來，等肩膀夠力時再去拉起別人。

我問過許多背包客，沒有一個人沒被別人幫助過，迷路時有人會願意指路，沒錢搭車有人會願意載你一程，沒錢吃飯時有人會讓你搭伙等等，這些願意幫助人的陌生伙伴，可能曾經也被幫助過。這些各自回到家鄉的背包客，無論回到校園、職場、家庭也會非常熱心願意幫助人。久而久之，這股力量就會慢慢被凝聚、擴散、發酵。你要先接受一個人的力量永遠無法對抗一個環境的事實，接著你就會發現第二個事實，一個環境永遠無法消滅一個人的力量。

旅行就是別人拉你一把，你拉自己一把，你再拉別人一把，有天，整個世界就會被所有人拉起來。

那麼，自己的旅行該如何為別人準備？

出國前，可以多關心家人，因為他們絕對比你還擔心你自己；可以關心朋友，問問他們最近好嗎？

出國後，你可能會遇到對台灣非常陌生的朋友，你可以準備些小禮物，可以是一張明信片、一首歌、一句話、一個工藝品，或是一道台灣料理。這些舉動，有可能因此感動某個人，而這個人會接著影響別人。自己的一小個行為，有可能就像是蝴蝶效應一樣，不起眼的力量，也有可能造就巨大的改變。

當一個人願意為他人付出時，自己才是最大的受益者。

發生在你身上的每一件事，沒有好與壞的分別，它們之所以出現在你的生命中，是為了讓你發展出你之前根本不曉得自己所擁有的能力，每件事都會讓你變得更堅強。

帶上真正屬於自己的，那些不屬於你的，就別帶了！

每當遇見懷抱雄心壯志想要旅行的年輕人問我：「旅行該帶什麼？」我都會反問他們：「那你覺得旅行不該帶什麼？」

現在這個時代，我們只要上網輕鬆輸入幾個關鍵字，就能搜尋到無數的資訊，教你如何工作、如何買房、如何談戀愛，上路旅行該帶些什麼或許都找得到。不過這個簡單的動作背後，其實可能比你想像得還要不簡單，因為只要動動手輸入關鍵字就能獲得答案，所以它可能會使人忘了思考，忘了初衷，忘了自己實際行動的喜悅。有可能你本來想要隨心所欲，來趟愉悅的旅行，結果花了大把時間在網海漫遊，去了某個推薦景點，結果卻不如預期中好玩，更還有可能換來滿肚子怨氣。

我無法建議大家旅行該帶什麼，但我知道哪些不該帶上路：難過、害怕、灰心、沮喪、焦慮。但這些情緒大家都捨不得放下，都默默帶上路。

不久前我讀了陳之藩的散文集，心想，或許，他才有本事教大家旅行該帶什麼。文中他提到：

「我常旅行，所以不購置任何東西，鞋子是一雙壞掉替換一雙，衣服也是一套替換一套。但是每次旅行時，總是帶著兩個很重的箱子。曾請朋友們猜猜看箱子裡是什麼東西，沒有人猜對，因為太不近人之常情了！這兩個箱子全是朋友們的來信，因為我覺得這些東西是真正的財產，是真正屬於自己的。」

我們活在一個不流行提筆寫字的年代，花時間磨硯，花功夫寫字，花錢買郵票，還會被人笑是傻。不需認真寫信給他人，不需認真對待朋友，不需認真了解自己，才是這個時代的時髦流行。

我只記得出走前自己幾乎瀕臨破產，沒有真正屬於自己的生活，因此上路去反省。

如果你即將要出去旅行，請記得帶上你真正的財產，帶上真正屬於自己的，那些不屬於你的，就別帶了！

什麼都可以忘記帶，別忘記帶上自己就好

change

人生不就一次十八歲，如果不為了心愛的人而努力，可能就再也沒機會了；人生不就一次二十五歲，如果不好好在職場打拼，可能就再也沒機會了；人生不就一次三十歲，如果不好好認識自己，可能就再也沒機會了。

不顧一切為的是什麼？很簡單，就是不想留遺憾罷了。

年輕的時候，趕緊做點事吧

年輕的時候，趕緊做點事吧

某天，一場講座結束後有位聽眾跑來找我，他害羞的說：「我今天滿二十五歲，到目前為止都沒做過任何瘋狂的事，我開始覺得人生有點空虛，該怎麼辦？」

我對他說：「年輕的時候，你可以犯錯，可以後悔做過的事情，但不要為自己沒做的事感到遺憾。趁年輕，趕緊做點事吧！」

如果，你不知道能為自己做點什麼事，我分享幾個我在旅行後學會的事。

年輕的時候，請你迷上一本書。

年輕的時候，請你結交一些伴。

年輕的時候，請你戀上一座城。

年輕的時候，請你愛上一個人。

年輕的時候，請你許下一個夢。

年輕的時候，請你迷上一本書

因為年輕，有的是時間；因為年輕，才更容易接受新事物；因為年輕，才有激情與衝動。請好好利用時間，花時間靜下心來，多翻翻幾本書，多接受這個沉默的良師益友，在浩瀚書海中，一個人才會開始懂得自己渺小，當你變得渺小，世界才變得更寬廣。

一個人不喜歡閱讀，可能表示他不喜歡和自己對話。因為閱讀是孤寂的，大家都害怕孤寂，所以懼怕閱讀，但我們卻忘了當一群愛閱讀的人聚在一起，孤寂就不再是孤寂。

我們碰到問題時總是習慣問別人、問 Google，卻忘了問最重要的自己。因為我們都不相信自己，所以把大大小小的決定權授予外人，讓自己可以轉移面對選擇的焦慮感。閱讀一本書，能讓自己靜下來與自己對話，讓自己學會在碰到問題時問自己，讓自己做主人，學會自己負責任。

如果，你尚未領略到閱讀帶來的愉悅，請你一定要把握青春時光，試著在人生的這段時期愛上閱讀。找一張椅子，泡一杯咖啡，捧讀一本書，細細體會一番，你會愛上這個過程，愛上書，愛上閱讀。

年輕的時候，請你結交一些伴

這個人，也許是你的老師，也許是你的同學，也許是久未謀面的朋友。總之，這個人在你的心中有著重要的位置。你難過、開心時會在第一時間想到他；他難過、開心時，你會第一時間出現；你有心事想找人傾吐時，就算是半夜打電話過去也不怕打擾到他；即使他不懂你的語言，也願意花時間與你溝通。

旅行時，旅伴就像巴士上來來去去的乘客，無法永遠在一起，正因為他們的離去，才能空出留給下一個朋友的空位。離別是短暫的，友誼卻會長存。在加爾各達，我結交過一些伴，做了一些事，獲得一些感動。如果沒有這些伴，做了再多事，也得不到這些感動。

趁年輕，找一群志同道合的夥伴，一起做些不起眼的小事，也許會成就你未來的大事。

交友容易，知己難求。不過，再要好的知己，也要在彼此間留一點空間，才能保有適當的距離，讓彼此更親近。

年輕的時候，請你戀上一座城

一座城，如同一個人。愛上它，就會想靠近它，和它一起經歷一些事情。半年、兩年，或是更久，縱然有著無奈和不捨，最後你終究要離開它。有時不經意看到氣象預報提到這座城市，你總會多留意一眼；要不，在路上聽到來自那城市的語言、口音時，你總會刻意上前與那個人攀談，聊上幾句。每個人的心裡都會有這樣的一座城市吧！這城會是你的故鄉，會是你經過的地方，會是你曾經生活過一段時間的地方，或者，那是一個你從未去過的地方。你喜歡它，是因為城市裡有你惦記的某個人，某個事物。無論它是以怎樣的方式存在於你的心中，也不管時間過了多久，總有一個理由讓你想念著它。你發現，回憶中身處這座城市的所有時刻，都是令人難忘的美麗記憶。

每當我偶爾閉上眼，不時會想起加爾各達街上 Chai Tea 的茶香味、達哈巴紅海邊一波波的浪潮聲、身處羅馬古城的內心震撼、喀什老城拂過的陣陣涼風、巴塞隆納的色彩衝擊。每座城市在我身體不同部位的微小神經細胞刻下痕跡，當神經與神經之間共震時，彷佛蝴蝶效應帶我回到恍若真實的過去，填滿當下每段空虛。

趁年輕時，多去幾座城市，用身體活出生命的溫度，燃燒最青春的歲月，綻放出最溫暖的火焰。

年輕的時候，請你愛上一個人

她可能不太引人注目，也可能有些缺點，但你愛上了她。你也不知道為什麼。愛，常常是沒有理由可言，就是一種奇妙的感覺。請勇敢些，你還那麼年輕，猶豫不屬於你。把自己交付給她，愛上她，讓愛的花朵開始慢慢綻放。

路上，我曾遇見一些女生，她們教會我許多事，我們之間雖然沒有轟轟烈烈的愛情，但她們教會我不要隱瞞自己，不要再穿上厚重的盔甲。要把心中的愛取出來，讓它透透氣。她們讓我學會愛朋友、愛家人、愛土地、愛世界，愛一個生命中最重要的人。

趁年輕，去遇見一位會讓你怦然悸動，會讓你不知所措，會讓你想要分享喜悅與快樂，會讓你不再難過的她。

年輕的時候，請你許下一個夢

還記得小時候許下的夢想嗎？那些夢想，在長大後的我們眼中顯得幼稚，即便如此，也別羞於談起。我曾想過不必再做功課、想要每天和朋友打鬧嘻笑、想要成為一個不一樣的人。我相信，那時的夢想無論是崇高還是微不足道，它們都給予我熱情與衝動，也給予我生活的目的。夢想，是一種生活的快樂，讓人難忘的瘋狂歲月，一種驕傲勇士般的精神，一種永不妥協的意志。

夢想不是要讓人偉大，而是要讓人更完整。

因為年輕，所以旅行，所以跌倒，所以長大，所以懂事，所以許下了下一個夢。我以為，旅行的結束是句點，其實才剛要開始。一個夢想的完成，是為了挑戰下一個夢想。只要我存在的一天，夢想不會終結。

只要還有夢，就還年輕！

你說你還年輕？不要掉以輕心，你很快就要老了。所以，如果你還年輕，請珍惜一生當中最好的時光！

貝多芬說：勇氣可以使懦弱的人打起精神！
我覺得，二十五歲是一個可以做任何事的年齡，
所以千萬不要留下悔恨。

☑ 上路後該問自己13個問題

不是每個旅行者都過得輕鬆自在，有些人上路後才會遇到不斷襲來的壓力，讓心陷入泥沼，該如何甩掉腦中的包袱呢？我認為上路後該問自己十三個問題，有沒有找到答案並不重要，重要的是尋找的過程。

我照顧好自己了嗎？

許多時候，我們因為太過於關心他人而忽略自己的情緒，很容易就把自己遺忘。記住，永遠不要為了滿足他人讓自己活得太「委屈」！

我的慾望是不是太多了？

擁有太多的慾望，會為你帶來心理壓力。自己的旅行算是慾望嗎？不妨清點一下，哪些東西是需要、想要、重要、一定要的？哪些又是可以丟棄的？然後迅速處理。

每天能否抽點時間陪自己？

外面的世界太精彩，可能會讓你忙於跑景點、拍照。但無論多忙，每天都要留出一些完全屬於自己的時間，無論讀書、發呆、看電視、烹飪、還是整理行李，給自己獨處的時間，讓浮亂的心平靜下來。

我吃得健康嗎？

飲食會在很大程度上影響一個人的身體和情緒狀況，但很多人並沒有意識到這一點。別再一味追求旅遊書上介紹的餐廳美食，放棄那些會讓人煩躁、精力分散的精緻食物，試著自己下廚，多吃水果、蔬菜，健康的飲食會讓你身體變得輕鬆、充滿正向情緒。

我最在乎的是什麼？

困惑茫然、缺乏激情時，不妨問自己，對你來說什麼是重要的？旅行、家人、健康、信仰、工作還是其他？這會讓你釐清生活中身邊事物的輕重緩急，進而能去追尋自己最在乎的東西。

人際關係讓我感到快樂嗎？

旅行中，是否有一段關係讓你感覺很麻煩？或者是你每天必須要花很多心思討好旅伴或朋友？保持頭腦的清醒，結交那些能給你「減壓」的朋友，遠離經常讓你頭疼的夥伴。

過去的我是否工作太辛苦了？

如果答案是「是」的話，你需要調整一下節奏，適時地「隨心所欲」一番，從旅行中去學習解脫出來，試著自由呼吸，問自己想為什麼而付出，之後再心甘情願的回到職場上努力。

我是否玩得太過火了？

瘋狂玩樂無法達到太大的減壓效果，自己反而容易在事後感到筋疲力盡，更有壓力。不要因此降低旅行的效率，平衡時間的分配，才能在旅途中不斷學習。

我錢花太多了嗎？

人在外地旅行時，過度消費會導致壓力及焦慮，這樣的心靈狀態不斷持續的話，最後會形成一種「危險習慣」。每天讓自己省一點，存點應急錢，遇到突發狀況時，就不會亂了陣腳。

我是否總是在擔憂未來？

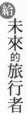

老是考慮和擔憂某些尚未發生的事情，會導致壓力和焦慮。適當提醒自己，當下的一切更值得你去關注，並為之做出努力和改變。

我是否徘徊過去？

身體已經在外面，你是否卻還回顧過去、沉浸於那些讓我們遺憾或者錯過的事情，難以自拔？把更多心思放在當下需要面臨的選擇上面，才不會讓將來有更多後悔。

有什麼事情讓我一直放不下？

總有一些事情會讓我們擔心害怕，比如是否滿意工作、對家人的關心是否太少等。這些想法會反覆糾纏你，但怎麼想也理不出頭緒，其實，只要問心無愧，就不須執著於這些想法上。

回去後能做點什麼？

我們無法在外一輩子，終究要回到熟悉的土地，到底回去後能做點什麼樣的改變？可以試著去幫助一個人，分享自己的旅行故事，更有信心地重返校園，或是更有熱情地投入職場，只要和旅行前的自己不一樣，那就是改變。

用旅行，看別人，也看自己。

寫給七年級

我們可以有樣什麼的生活？

今年，我二十九歲，兩年前結束旅行回國後，在一家上市公司工作十個月後離職。現在我一個人在台北，每天超過八小時以上在鍵盤上揮舞，打字的速度永遠趕不上腦袋運轉速度，整隻右手經常要送去維修。

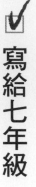

起初一個月，心情很糾結，因為自己是一個快要三十歲的男人，沒有車、沒有房、沒有存款，還沒有了固定收入。身旁同年紀的朋友，都努力找錢、找房、找婚姻，說他們生活單調嗎？但似乎也沒什麼不好，有時還挺令人羨慕。

問了朋友一輪，到底工作是為了什麼？真的只是混口飯吃？答案很多、很複雜，但沒有一個能進入我的心。

每天看著報章媒體大言不慚地評論六年級很辛苦，七年級不吃苦，八年級受不了苦。似乎得要活在台灣五〇年代，努力才會被歌頌。而我們七年級拼了命撞得頭破血流，灑出來的不是血，只是廉價的蕃茄醬汁。

雖然我看似一無所有，也還是有地方住、有飯吃、有體力，如果硬要說是幸福，也只稱得上是「平價」的幸福。

七年級的生活，很瘋狂、很刺激、很理想、很無奈、很有意思。

我們都把生活想得太美好

過去，在學生時期，補英文、補數學、補才藝，腦袋裡的問號越補越大，卻總認為出了社會可以有好生活。

現在，出了社會，補朋友、補感情、補負債，人生的不明確越補越怕，卻總認為進到更好的職場可以有更好的生活。

二十出頭剛出社會，沒有什麼好怕；三十出頭剛入社會，好怕什麼都沒有。

前幾天有位收入不錯、住在天母的友人，進到便利商店看著兩位小妹妹手裡拿著二十八元，趴在地上討論該買什麼糖果好，臉上帶的笑容比糖果還甜，還純真，還簡單。友人說：「我們這麼努力追求成功目標，笑容卻離我們越遠。」

也許，不要把生活想得太美好，不要有太多物質慾望，就更能懂得享受眼前的簡單生活。

品嚐「熬」的過程

學生熬久，總有天會變老師；小孩熬久，總有天會變父母；職員熬久，總有天會變老闆。

人生好比熬湯，「時間」如同火侯，大火容易焦，人生太早成功容易驕傲；小火不易滾，如果太慢成功容易沒耐心。

七年級的我們一無所有，也許壓抑得最多，但也最有力量去改變社會。當助跑距離越長，跳躍起來時的爆發力越強；可能我們已傷痕累累，早就被打倒，但早點倒地，才更有體力早點爬起來，一個人不畏懼失敗才叫真正的成功。

台灣不是沒有機會，而是機會太多不知該如何選擇；不是七年級沒有理想，而是理想太多，反而容易受傷。

七年級，不能再靠單打獨鬥，不能再一成不變，不能再妄自菲薄，要懂得用智慧「熬」出頭。

我們需要的是改變

我們生活在一個令人不滿意的體制中，有人變得容易抱怨，或是更容易忍受，更容易批評，我們變成一個連自己都討厭的人，卻渾然不知。

如果讀書只是為了讓你變得越討厭知識，為何要讀書？
如果工作只是為了讓你變得越討厭付出，為何要工作？
如果出國只是為了讓你變得越討厭台灣，為何要出國？

七年級要改變，需要一點「理性的叛逆」。

如果我們討厭校園裡頭的知識，那就憑自己的本事出校外求知識。
如果我們討厭職場裡頭的付出，那就憑自己的本事離開職場創業。
如果我們討厭自己出生在台灣，那就憑自己的本事移民去國外。

改變一樣有風險，有可能更好，也有可能更糟，自己必須有勇氣去承擔改變後的風險。

你敢不顧一切做想做的事嗎？

在東南亞旅行時，我遇到一對夫妻，他們非常羨慕當時一無所有的我，他們告訴我：「三十歲前一無所有，三十歲後才不怕它。」我聽到差點沒暈了過去。怎麼可能會有人羨慕一無所有的人？那時我才意識到年輕的可貴，覺得這是一個最棒的禮物。

年輕時不顧一切去追求想要的，可能是為了出人頭地、為了愛情、為了自由，這算是衝動嗎？我想是的。人生不就一次十八歲，如果不為了心愛的人而努力，可能就再也沒機會了；人生不就一次二十五歲，如果不好好在職場打拼，可能就再也沒機會了；人生不就一次三十歲，如果不好好認識自己，可能就再也沒機會了。

不顧一切為的是什麼？很簡單，就是不想留遺憾罷了。

夢想，不要太早實現

以前覺得很多夢想自己都達不到，但真的完成其中一項後，才會發現所謂的夢想是「令你害怕的事」。當你願意給自己機會去正視害怕，才有機會達成夢想，如果你不願去正視害怕，連眼前的敵人都不知道在哪，要怎麼擊倒它？要怎麼實現夢想？

有很多夢想，就表示有很多令你害怕的事，也就代表敵人越多。但敵人越多是好事，因為打不倒你的敵人只會使你變得更堅強。

早一點實現夢想需要運氣；晚一點實現夢想需要勇氣。

我現在的夢想是，把文字寫好，順著自己的心，做會讓自己開心的事。今天，字寫完了，我依然一無所有，只不過是一位比別人晚點放棄夢想的七年級生。

如果你還年輕，會想……

給未來的旅行者
55個你最想知道關於旅行的事

作者｜劉哲瑜
總編輯｜汪若蘭
責任編輯｜李佳霖
行銷企劃｜高芸珮
版面構成｜引線設計
封面設計｜引線設計
內文排版｜李潔（特約）

發行人｜王榮文
出版發行｜遠流出版事業股份有限公司
地址｜台北市100南昌路2段81號6樓
電話｜2392-6899　傳真｜2392-6658
郵撥｜0189456-1
著作權顧問｜蕭雄淋律師
法律顧問｜董安丹律師

2013年4月1日　　初版一刷
2013年5月25日　　初版二刷
2013年7月1日　　初版五刷
行政院新聞局局版臺業字第1295號
售價新台幣280元（缺頁或破損的書，請寄回更換）

ISBN｜978-957-32-7164-2（平裝）

遠流博識網 http://www.ylib.com　E-mail ylib@ylib.com

國家圖書館出版品預行編目

給未來的旅行者：55個你最想知道關於旅行的事 / 劉哲瑜著；
初版. -- 臺北市：遠流, 2013.04　面；　公分.
ISBN 978-957-32-7164-2(平裝)
1.自我實現 2.自我肯定

177.2　102004010